T0282144

EL PARADIGMA
DE LA ABUNDANCIA

JOE VITALE

EL PARADIGMA DE LA ABUNDANCIA

DE LA LEY DE LA ATRACCIÓN
A LA LEY DE LA CREACIÓN

EDICIONES OBELISCO

Si este libro le ha interesado y desea que le mantengamos informado
de nuestras publicaciones, escríbanos indicándonos qué temas son de su interés
(Astrología, Autoayuda, Psicología, Artes Marciales, Naturismo,
Espiritualidad, Tradición…) y gustosamente le complaceremos.

Puede consultar nuestro catálogo en www.edicionesobelisco.com

Colección Éxito
El paradigma de la abundancia
Joe Vitale

1.ª edición: abril de 2023

Título original: *The Abundance Paradigm: Moving from the Law of Attraction
to the Law of Creation*

Traducción: *David George*
Corrección: *M.ª Ángeles Olivera*
Diseño de cubierta: *Enrique Iborra*

© 2022, Dr. Joe Vitale
(Reservados todos los derechos)
Título publicado por acuerdo con Waterside Productions, Inc.,
a través de Yáñez, part of International Editors' Co. S.L. Lit. Ag.

© 2023, Ediciones Obelisco, S.L.
(Reservados los derechos para la presente edición)

Edita: Ediciones Obelisco, S.L.
Collita, 23-25. Pol. Ind. Molí de la Bastida
08191 Rubí - Barcelona - España
Tel. 93 309 85 25
E-mail: info@edicionesobelisco.com

ISBN: 978-84-9111-975-3
DL B 3341-2023

Impreso en los talleres gráficos de Romanyà/Valls S.A.
Verdaguer, 1 - 08786 Capellades - Barcelona

Printed in Spain

1

Las cuatro etapas del despertar

¿Qué es lo que quieres realmente? Deseas felicidad. Quieres paz. Persigues aquello que piensas que te las proporcionará.

La mayoría de la gente cree que, si dispone de más tiempo, más dinero, más vehículos o un mejor empleo, será feliz y estará en paz consigo misma.

Esa es la gran ilusión. Lo que de verdad deseas está justo aquí y en este preciso momento. Puede que no lo comprendas ahora, pero a medida que avances por este libro y los procesos de limpieza que hay en él, alcanzarás un conocimiento que resultará muy real. Traerá consigo un cambio de mentalidad para ti y te mostrará que la paz, los milagros y todo lo demás que deseas están justo aquí en este instante.

Cuando dispones del paradigma de la abundancia como un cambio mental permanente en tu conciencia, ya no tienes que pensar en ello. De hecho, el tiempo se vuelve una dimensión acuosa, sin límites, y el dinero te llega de forma fácil y sin esfuerzo, porque lo ves por doquier y ves oportunidades por todas partes. La paz ya no es algo que acuda a ti, porque la vives: eres consciente de que existe en este momento concreto.

A medida que avancemos por el paradigma de la abundancia, todo esto se volverá claro como el agua, porque el paradigma en el que te encuentras en este preciso momento cambiará hacia el paradigma de la abundancia. Estoy emocionado por ti. Tal y como suelo decirle a la gente: «Espera milagros, porque aquí vienen».

El paradigma de la abundancia te va a enseñar cómo pasar de la ley de la atracción a la ley de la creación. En este libro te conduciré a través de una transformación personal: un cambio de mentalidad.

Sin embargo, permíteme, en primer lugar, que hable un poco sobre mí. Aparecí en el célebre documental de Rhonda Byrne de 2006 *El secreto*, y, después de ello, en muchas otras películas y documentales, como *The compass, Try it on everything, The tapping solution, The meta secret, The leap* y muchas otras. He aparecido en varios programas de televisión, incluyendo los de Larry King y Donny Deutsch, y he salido en los noticiarios de las cadenas ABC, CBS, CNN y Fox News. He escrito numerosos libros, incluyendo cincuenta y tres títulos sobre marketing, publicidad, anuncios, espiritualidad, inspiración y autoayuda.

También he grabado numerosos programas de audio, entre los que se encuentran *El poder de la mercadotecnia audaz*, los superventas *El secreto faltante, The secret to attracting Money* y *The awakening*. Soy hipnoterapeuta titulado, sanador *qi gong* certificado y maestro *reiki* titulado. Soy un ministro ordenado. Poseo dos doctorados, uno en marketing y otro en ciencia metafísica. También tengo mi propio programa de radio en CBS Radio llamado *The Joe Vitale radio show*. Asimismo, me gusta estudiar las tradiciones místicas de culturas antiguas. He estado por todo el mundo, desde Rusia hasta Perú, Polonia y sitios situados entre estos lugares, siempre buscando formas de ayudarnos a despertar y experimentar el cambio de paradigma que necesitamos.

Eso me lleva a este material. Es un material de vanguardia, avanzado. Consiste en información e inspiración que no he compartido antes. Y no lo he compartido antes porque necesitaba preparar a la gente para ello.

Con suerte, habrás leído otros libros o escuchado otros programas míos. Tanto si lo has hecho como si no, te pondré al día y luego te conduciré a un lugar conocido como el paradigma de la abundancia.

En primer lugar, ¿qué es un paradigma? Un paradigma es una mentalidad. No es simplemente una creencia, sino que es un conjunto de creencias. Es tu forma de mirar al mundo. Tu paradigma forma una parte tan intrínseca de tu personalidad en este preciso momento que ni siquiera sabes en qué consiste. Tan sólo la asumes como tu realidad. La vida es de la forma que es para ti debido al paradigma (las gafas que llevas puestas), debido a tu mentalidad, al marco que tienes, producto de las creencias que has recopilado desde que eras niño.

Thomas Kuhn, el físico e historiador de la ciencia, tiene el mérito de haber acuñado el término *cambio de paradigma* en su famoso libro *La estructura de las revoluciones científicas*, publicado en 1962. Aquí hablamos sobre un cambio de paradigma en tu vida. No tanto de ciencia como de transformación personal.

Aunque hay ciencia tras la transformación personal, estoy aquí para ayudarte a acercarte más al despertar. Estoy aquí para ayudarte a pasar de la ley de la atracción a la de la creación. Para ello, tendré que hablar un poco sobre estas dos leyes. Mis explicaciones están diseñadas para ayudarte a pasar a un nuevo conocimiento sobre la abundancia, tu vida y lo que es posible para ti. Este conocimiento diferente es, por supuesto, el cambio de paradigma que quiero que experimentes. Esta es la promesa y la esencia de este libro.

Entremos en este material de inmediato. ¿Dónde te encontrarás al final de ello, después de haber completado el paradigma de la abundancia? Para ayudarte a comprenderlo, debo hablar de las cuatro etapas del despertar.

Si conoces alguna de mis obras anteriores, recordarás que he hablado sobre tres fases del despertar. Sólo he hablado de tres porque, con toda honestidad, eso es todo lo que sabía en esa época. Desde que escribí esos libros y al seguir trabajando en mí mismo, mi despertar espiritual ha profundizado. He tenido experiencias *satori*, lo que significa que he tenido destellos en el interior de este paradigma de la abundancia, y veo que se trata de un proceso que puedo vivir. Debido a ello, he descubierto la cuarta etapa del despertar.

Permíteme decirte cuáles son las cuatro fases del despertar. La primera es el *victimismo*. En realidad, no es tanto una etapa del despertar: es la fase en la que la mayoría de nosotros nacemos. Cuando eres una víctima, todos tienen la culpa de tu vida. La mayoría de la gente vive lo que Henry David Thoreau llamaba «vidas de tranquila desesperación» porque sigue sintiéndose una víctima.

Puede que sigas teniendo momentos en los que te sientas una víctima. Sin embargo, en algún instante, te encuentras con *El secreto*, mis libros o los de cualquier otro. De repente te das cuenta de que ya no necesitas ser una víctima. Entonces pasas a la segunda fase del despertar, que es el *empoderamiento*. Ahora asumes el control de tu vida, y empiezas a manifestar más de aquello que quieres. Empiezas a sentir algo de tu poder, comienzas a sentir algo de lo que es posible para ti. El empoderamiento se da cuando aprendes sobre el poder de la visualización, por ejemplo, o sobre el poder de la intención. Ciertamente, te hace sentir mejor que la primera etapa. Ser una víctima no te hace sentir bien en absoluto, pero sentirte empoderado te hace sentir genial.

Si has alcanzado esta segunda fase del despertar, tienes una vida maravillosa, hasta que suceda algo que no puedas controlar. Llegado a ese punto, hay otro tipo de despertar que yo llamo *rendición*. En esta tercera etapa, eres consciente de que tienes poder, pero no posees un poder completo. No ostentas el control del planeta. No eres Dios. No eres lo divino. Te das cuenta de que debes rendirte a algo que es más poderoso que tú. Llegado a este punto te rindes a un poder superior y acabas con más poder del que nunca hubieras imaginado que tenías.

Sin embargo, hay una cuarta fase: el propio *despertar*. Es entonces cuando te conviertes en lo Divino. Aunque a primera vista esto puede que resulte difícil de entender, en esta cuarta fase tu ego se disuelve, y lo Divino, o Dios, vive y respira a través de ti. Miras a tu alrededor y te das cuenta de que el propio mundo es exuberante, tú eres parte de esta abundancia y no hay escasez, carencia ni limitación. Puedes tener, hacer o ser cualquier cosa que quieras, porque *eres* la mismísima cosa que quieres atraer.

Este principio va más allá de la ley de la atracción y se desplaza hacia la ley de la creación. En esta cuarta fase del despertar, ahora vives el paradigma de la abundancia.

Es tu nueva mentalidad, tu nueva forma de ser. Tu conjunto de creencias está ahora muy arraigado en lo Divino.

En las primeras fases, tus creencias o convicciones y la forma en la que estabas viviendo tu vida procedían de tu ego. No hay nada de malo en ello o en sí mismo, excepto porque hay más cosas: puedes despertar a un mayor potencial y un poder superior.

Puedes despertar para vivir el paradigma de la abundancia, y ahí es adonde quiero llevarte. Voy a llevarte de la mano y conducirte hacia ahí. En este preciso momento estoy intentando pintar este cuadro para que puedas visualizarlo. Puedes empezar a jugar con el hecho de comprender cómo sería vivir como Divinidad, respirando y actuando a través de tu cuerpo y tu mente. ¿Cómo sería? Tómate un instante para pensar en ello, incluso aunque no lo comprendas. Simplemente estimula tu mente inconsciente con ello. Me gustaría que te tomases unos momentos y que pensases en eso justo ahora.

Hablemos un poco sobre las leyes de la atracción y la creación, porque el objetivo de todo este libro consiste en pasar de la ley de la atracción a la ley de la creación.

En primer lugar, la ley de la atracción. Puede que hayas oído hablar de ella, porque ha estado presente en todo el mundo desde la película *El secreto*, que presenta esta idea, y se ha vuelto muy popular.

La ley de la atracción es la ley que dice que todo lo que llega y entra en tu vida está ahí debido a tus pensamientos, sentimientos y creencias. Es así. Punto. Si miras a tu alrededor y te gusta algo o no te gusta algo en tu vida, debes mirar hacia tu interior y decir: «La ley de la atracción me ha traído esto». Si la ley de la atracción es una ley (y lo es), entonces, lo que tienes en tu vida es lo que has atraído a algún nivel en tu interior. Ésa es la esencia de la ley de la atracción.

El problema con la ley de la atracción es que la mayoría de la gente no comprende su profundidad. De hecho, se vuelve muy crítica con *El secreto* o con cualquiera de los profesores de esta ley, porque dice: «He visto la película. He leído el libro. He practicado la ley de la atracción y no he obtenido lo que quería. No funciona».

La ley de la atracción funciona, pero debes comprender sus aspectos más profundos. No obtienes, necesariamente, lo que deseas de manera consciente, sino que consigues lo que esperas o crees de un modo inconsciente. Puede que, por ejemplo, digas: «Tengo la intención de atraer dinero. Pretendo atraer una relación. Deseo atraer más ofertas comerciales» (rellena el espacio). Puedes, conscientemente, sentarte ahí y tener esa intención; puedes afirmarlo, visualizarlo, anotarlo miles de veces en un pedazo de papel; pero pese a ello no obtendrás lo que quieres si no crees, de manera inconsciente, que eso es posible, que lo mereces, que eres adorable y agradable, que el dinero es bueno o que alguna vez tendrás una relación. Si tienes unas intenciones inconscientes que van en contra de lo que dices que quieres atraer, atraerás las intenciones contrarias. Cuando te libres de las intenciones contrarias, podrás tener, hacer o ser cualquier cosa que puedas imaginar. Todo consiste en limpiar.

En este libro proporciono unos procesos de limpieza nuevos y avanzados: unos procesos que nadie ha ofrecido antes. Los he diseñado basándome en mi propia experiencia, los uso incluso para mí mismo, y he hablado sobre ellos a la gente en mi programa de *coaching* de milagros, pero hasta ahora no los había plasmado por escrito. Están diseñados para hacer una cosa: sacar de ti cualquier y toda negatividad y las intenciones contrarias para así tener o ser lo que sea que hayas elegido para ti.

Mucha gente se ha obsesionado con la ley de la atracción. Aunque es algo que debes conocer, comprender y usar en tu vida, no es la única ley: hay otras. Lo que la mayoría de la gente no hace con la ley de la atracción es pasar a la acción, pese a que la *acción* está, de hecho, contenida en la palabra *atracción*. Debes emprender acciones para que la ley de la atracción funcione.

Esto nos lleva a la ley de la creación. La ley de la creación consiste en pasar a la acción. Manifestar cualquier cosa es una cocreación. Eres tú y el universo. Eres tú y lo Divino. Eres tú y Dios. Tú participas en la creación de lo que quieres.

Cuando la gente se fija en mi vida y mi trayectoria profesional, parece sorprendida de que haya aparecido en tantas películas, haya grabado tantos audios y haya escrito tantos libros. Hasta la redacción de este libro, he escrito cincuenta y tres obras. Incluso yo estoy impresionado con esta cifra. ¿Cómo narices escribí cincuenta y tres libros? No empecé con la intención de hacerlo. Empecé queriendo que me publicaran. Mientras escribía el primer libro y aprendía sobre la escritura, la publicación y el marketing, empecé a escribir el segundo. Mientras comenzaba a escribir el segundo pensé en un tercero. Simplemente seguí actuando.

Mientras pases a la acción, crearás. Mientras creas, obtendrás resultados. Mientras prestes atención a esos resultados, asimiles el *feedback* y aprendas de ello, seguirás generando una vida maravillosa, mágica, e incluso milagrosa.

La ley de la creación se ocupa de hacer realidad algo. Por ejemplo, cuando tienes una idea para un producto o servicio, sólo se encuentra en el reino de la imaginación. Existe como una posibilidad. Puedes atraer esa idea hacia tu vida, y puede que incluso atraigas a la gente para que te ayude a convertirla en realidad, pero a no ser que actúes, ya sea por ti mismo o con otros, esa idea no se pondrá de manifiesto. Si lo hace, será porque alguna otra persona emprendió acciones con respecto a ella.

Existe un gran número de ejemplos sobre esta verdad. La gente creó negocios exitosos durante la Gran Depresión y durante todas las recesiones por las que hemos pasado. Probablemente puedas incluso pensar en ejemplos propios en los que alguien tomó una idea descabellada y luego procedió y actuó con respecto a ella a pesar de que fuera contra toda lógica. Como estaban implicando a la ley de la creación, el universo, lo Divino o Dios se pusieron de su lado para ayudar a que se convirtiera en realidad.

La ley de la atracción no es, por sí misma, suficiente. Ésa es la razón por la cual algunas personas que critican esta ley no comprenden su profundidad. En primer lugar, deben entender que están obteniendo lo que piensan de manera inconsciente. Usando los procesos que aparecen en este libro, mostraré cómo librarte de estas creencias o convicciones limitantes inconscientes.

La otra ley que te ayuda a crear este paradigma de la abundancia es la ley de la creación. Esto significa que debes emprender algún tipo de acción para convertir en realidad este concepto, esta energía, este sentimiento que ha acudido a ti a modo de regalo.

Solía ver *The Donny Deutsch Show* en la cadena de televisión CNBC, y tuve la suerte de aparecer en ese programa una vez. Solía decirle a la gente que lo viera porque Donny enseñaba a los emprendedores a marcar una diferencia en su vida. Llevaba a su programa a personas que no tenían ni idea de cómo montar un negocio. No tenían la experiencia, la educación, el dinero o los recursos, pero disponían de una idea. La atrajeron hacia su vida porque la deseaban. Ésa era la ley de la atracción, pero entonces tenían que hacer algo, que es la ley de la creación.

Una de mis historias favoritas tenía que ver con una mujer joven de Florida que tuvo una idea para un bolso especial y que dio vueltas de un lugar a otro intentando encontrar a alguien para producir el prototipo. Hizo que le fabricaran el prototipo, y luego necesitó a un fabricante para que le produjese cierta cantidad de ejemplares. Acudió a Internet, hizo una búsqueda en Google y averiguó que las empresas que podían fabricar estos bolsos de forma más económica se hallaban en China.

Detente y piensa: ¿qué harías, llegado este momento? Ella es una mujer soltera. No habla chino. No dispone del dinero necesario. Invirtió en la producción del prototipo y la empresa con la que necesita hablar se encuentra en China. ¿Qué harías tú?

Esta mujer se subió a un avión, voló a China, fue a un hotel, se registró en él, se dirigió hacia recepción y afirmó: «Estoy buscando estas empresas. ¿Puede llevarme a ellas?». Entonces fue a las empresas y las llamó en frío. No sabían que ella iba a ir. Ella no hablaba chino. Aunque había muchas curvas de aprendizaje y retos, esta mujer obtuvo el trato que estaba buscando y sus bolsos se fabricaron y distribuyeron.

Esta mujer se enfrentó a sus miedos. Se libró de cualquier cosa que evitara que actuara. Empleó la ley de la atracción para llevar la idea a su conciencia y encontrar al fabricante que necesitaba; pero también empleó la ley de la creación para actuar, incluyendo volar al extranjero hacia un mundo completamente distinto, y alcanzó sus objetivos. Ahora vive el paradigma de la abundancia debido a ese movimiento empresarial.

Éste es un pequeño ejemplo de lo que es posible para ti. No tienes que subirte a un avión y volar a China. No tienes que hacer algo que desafíe a la muerte, pero sí tienes que no aflojar hasta conseguirlo. La combinación de la ley de la atracción y la ley de la creación te ayudará a moverte hacia el paradigma de la abundancia.

He diseñado este libro estratégicamente para ayudarte a avanzar por el proceso del despertar. Pasarás por las cuatro etapas para acabar en la cuarta fase en la que apenas vive nadie, pero que es posible para ti: es la etapa en la que disfrutarás del paradigma de la abundancia. Vivirás con claridad, con la ley de la atracción; con poder, con la ley de la creación. Todo sucede con facilidad y sin esfuerzo.

Llevo muchos años diciendo que he descubierto las escaleras mecánicas de la vida. Estas escaleras se encuentran bajo un enorme cartel en el que se lee «El Paradigma de la Abundancia».

Hace treinta y cinco años no conocía el paradigma de la abundancia ni las escaleras mecánicas de la vida. Me encontraba sin hogar en las calles de Dallas. Era muy desagradable. Hubo experiencias traumáticas que me llevó toda una vida borrar y limpiar de mi mente, pero lo he hecho.

Vivía en la pobreza bastante más de diez años después, cuando residía en Houston. Batallé. Acepté empleos que detestaba. Mientras estaba trabajando en estos puestos, escuchaba audios inspiradores. Como escuché esos programas y trabajé en mí mismo, aquí estoy hoy, creando este libro para ti.

El mensaje que espero que captes es un mensaje de inspiración. Cuanto más trabajes en ti mismo, más te transformarás desde donde te encuentras hasta donde quieres estar.

Las buenas noticias son que esto puede suceder en un abrir y cerrar de ojos, porque en este preciso momento estás fijándote en la vida a través de un paradigma de la escasez. Cuando empieces a fijarte en tu vida a través del paradigma de la abundancia, verás las escaleras mecánicas y estarás en ellas a lo largo de toda tu existencia. Ésa es mi promesa personal para ti.

Para ayudarte a comprender en qué paradigma te encuentras justo ahora, hazte las siguientes preguntas: ¿tienes alguna vez pensamientos de que no dispones de suficiente dinero?, ¿tienes alguna vez pensamientos de que no dispones de suficiente tiempo?, ¿tienes alguna vez pensamientos de que no puedes obtener lo que deseas?, ¿tienes alguna vez pensamientos de que, debido a tus padres, tu familia, tus amigos, el gobierno, la religión o cualquier otra persona, tu vida no puede ser distinta?, ¿has tenido alguna vez pensamientos de que, digamos, no hay suficiente para darle la vuelta a las cosas, por no hablar de que puedas tener lo que deseas?, ¿has tenido alguna vez pensamientos de que, personalmente, no puedes conseguir lo que quieres por la razón que sea, o que estás roto de alguna forma?

Todos estos pensamientos son una forma de reflexión que procede de una mentalidad de la escasez. En otras palabras, fuiste programado para creer estas cosas: la mayoría lo fuimos. En esa primera etapa del despertar, llamada victimismo, se nos pone en el mundo con alguna programación que ya está en nosotros a través del ADN y la epigenética. Descargamos con rapidez información adicional procedente de nuestros progenitores, nuestros vecinos, nuestro sistema escolar, el gobierno, la religión, los medios y muchas otras fuentes. Todas estas cosas nos están programando.

Hasta que despiertes a la segunda etapa, que es el empoderamiento, sientes que, simplemente, no hay suficiente: eres tú contra el mundo. Cuando era un indigente en Dallas, sentía que era yo contra el universo. No tenía a nadie a mi lado. No había dinero, ni coche, ni casa, ni ingresos, ni trabajo. No parecía haber esperanza. Ésa es una mentalidad de la escasez.

En la actualidad llevo un estilo de vida de lujo: tengo una colección de vehículos y otra de guitarras, y viajo adonde quiero. Tengo todo lo que deseo en mi lujosa vivienda en Texas; me meto en el jacuzzi casi cada noche y doy las gracias a las estrellas por la vida que llevo. Ése es el paradigma de la abundancia.

Si sigues en la mentalidad de la escasez y sientes que no hay suficiente tiempo o dinero o que esto no va a funcionar en tu caso, tan sólo sé consciente de que se trata de pensamientos. No son hechos. Un hecho es algo que es medible, que es reproducible, que la ciencia puede duplicar y estudiar. Los hechos son cosas sobre las que todos podemos ponernos de acuerdo. Las creencias son muy subjetivas: son, simplemente, pensamientos que has escogido conservar.

¿No tienes suficiente dinero? Es evidente que hay dinero más que suficiente. Circula por el mundo: millones y millones de dólares en cualquier momento dado. ¿No dispones de suficiente tiempo? Siempre hay tiempo para hacer lo que deseas hacer. Si has entrado en el paradigma de la abundancia, sabes que el tiempo es una ilusión. ¿No puedes obtener lo que deseas? Quizás no hayas conseguido lo que querías *hasta ahora*. Sin embargo, a medida que pases hacia el paradigma de la abundancia y aprendas más sobre las leyes de la atracción y la creación, obtendrás todo lo que quieras y más. Ése es el espíritu. Ésa es la vida al nivel de la magia y los milagros.

Si te encuentras en la escasez en este preciso momento, pues de maravilla: despiértate. Sé consciente de que es temporal. Eso es lo que tuviste que lucir en tu vida en el pasado. Vamos a darte un traje nuevo. Vamos a proporcionarte un paradigma nuevo.

Como hemos hablado de una mentalidad de la escasez, permíteme dejarte algo muy claro. Permíteme hacerte comprender cómo funciona tu mente en este preciso instante. Por ejemplo, detente y predice tu siguiente pensamiento. ¿Puedes hacerlo? No, no puedes. Puedes decirme cuál es tu pensamiento sólo después de que se te ocurra. ¿Por qué no puedes predecirlo? Porque no procede de tu mente consciente, sino de tu mente inconsciente. Tus pensamientos proceden de la base de datos en la que está enmarcado tu paradigma. Si estás sentado y te preguntas: «No sé si el programa que aparece en este libro va a funcionar en mi caso», esos pensamientos proceden de tu mente inconsciente. Cuando te fijas en ellos después de que se hayan generado, te das cuenta de que proceden de una mentalidad de la escasez.

Aquí tenemos más buenas noticias: puedes elegir. Quiero enseñarte el proceso «¿y si...? positivo». Se trata de una forma de pasar de la mentalidad de la escasez al paradigma de la abundancia en este preciso momento. Puedes hacerlo en el siguiente par de minutos. Puedes hacerlo mientras lees este libro. Puedes hacerlo en voz alta, en un papel o en tu mente.

Mi amiga Mendhi Audlin me enseñó el proceso del «¿y si…? positivo». Escribió un libro titulado *What if it all goes right?* Aprendió esta técnica de los oradores inspiradores Jerry y Esther Hicks. Te permite escoger pensar de forma positiva.

Las preguntas «¿y si…? negativas» son preguntas como: «¿Qué pasa si este programa no funciona en mi caso?». Puedes ver que se trata de una pregunta negativa dándote cuenta de cómo te sientes. Si empiezas a sentir que no tienes tanta energía, que no estás tan feliz, vigoroso o entusiasmado, se trata de un pensamiento «¿y si…? negativo».

Sin embargo, puedes modificar estos pensamientos, puedes ir en la otra dirección. Puedes preguntarte todo en un sentido «¿y si…? positivo». ¿Qué sucede si este libro te proporciona el material más perfecto que has obtenido en toda tu vida? ¿Qué pasa si ésta es la mejor inversión que has hecho nunca? ¿Qué sucede si los procesos que aparecen en este libro son tan poderosos, tan singulares y tan vanguardistas que te cambian al instante? ¿Qué sucede si tienen la respuesta para todo lo que has buscado durante toda tu vida?

Sé consciente de cómo te sientes cuando haces preguntas «¿y si…? positivas». Ésta es una forma de que pases de la mentalidad de la escasez al paradigma de la abundancia. Una vez más, si tienes pensamientos negativos, puedes, simplemente, decir gracias y dejarlos pasar. A medida que pases al paradigma de la abundancia, vas a aprender que los pensamientos negativos van a ir y venir, pero no tienes por qué prestarles atención.

En uno de los procesos (que es una invención personal mía) por los que te guiaré, vas, de hecho, a ir al lugar que se encuentra más allá de los pensamientos. En este sitio puedes borrar todos los datos, las creencias limitantes, el paradigma de la escasez que te ha estado persiguiendo desde que naciste.

No obstante, por ahora empieza con el pensamiento «¿y si…? positivo». A veces recibe el nombre de *pensamiento en espiral ascendente*. En lugar de pensar en sentido descendente, en negativo, le darás la vuelta y pensarás en positivo. Te preguntarás: ¿qué sería mejor?, ¿qué sería maravilloso?, ¿qué sería exuberante?, ¿qué sería genial?, ¿qué sería mágico?, ¿qué sería milagroso? Entra en esa mentalidad. Cuanto más te encuentres dentro de ella, más cerca estarás del paradigma de la abundancia.

Soy lo bastante emprendedor como para saber que querrás confiar en este material, hacer que se convierta en realidad en tu propia vida. Como la ley de la creación está del todo relacionada con pasar a la acción, emprendamos algunas acciones ahora mismo. Me gustaría que fueras consciente de la siguiente idea que acuda a tu mente: para un producto, para un servicio, para un negocio, para hacer una llamada telefónica, para hacer una llamada en frío… lo que sea. Obtenemos ideas una y otra vez, pero en la mayoría de las ocasiones no actuamos con respecto a ellas. Cuando acude a tu mente una idea, ¿qué haces con ella? La mayoría de las personas se convencen a sí mismas para no llevarla a la práctica. Dicen que no disponen del tiempo necesario. Afirman que no tienen el dinero necesario. Dicen que no son la persona adecuada; que no tienen la educación apropiada; que no disponen de la abundancia. ¿Suena eso a un paradigma de la abundancia? No: eso parece un paradigma de la escasez.

Desde el punto de vista de la ley de la creación, si pasas a la acción con respecto a esas ideas a medida que acudan a tu mente, entrarás en un paradigma de la abundancia.

La gente me pregunta cómo he sido capaz de crear tanto libros y audios. Es porque actúo con respecto a las ideas a medida que llegan a mi mente. Aquí tenemos el porqué. En primer lugar, cuando te viene a la mente una idea, hay mucha pasión y entusiasmo. ¿No estás emocionado con la idea? ¿No tienes una maravillosa sensación que te dice que esto podría ser algo grande, que podría ser una mina de oro, que podría ser divertido, que podría traer alegría al mundo? La energía que acompaña a la idea está disponible para que la uses para poner de manifiesto esa idea, pero sólo si actúas justo ahí y en ese preciso momento.

En otras palabras, cuando la idea acuda a tu mente, se verá acompañada de una avalancha de energía. Es como correr una maratón: esa avalancha de energía se mete detrás de ti, en tu interior, y te ayuda a recorrer la distancia. Cuando se me aparece una idea para que escriba o grabe algo, empleo la energía que viene con la idea para llevarla a cabo. Ésta es una de las cosas mágicas que suceden cuando usas la ley de la creación y la ley de la atracción en tu favor.

En segundo lugar, el universo, Dios, o lo Divino, te está dando esa idea como un regalo. Tú no la has pedido, no te has preparado para ella, pero ahí está, entrando en tu conciencia. Te ha llegado como un presente. Ha llegado mediante la gracia. Estás honrando la idea cuando emprendes acciones con respecto a ellas. Hay cierta bendición que la acompaña cuando actúas. Al fin y al cabo, la primera persona que actúa con respecto a una idea suele ser la que obtiene el máximo beneficio de ella.

Mi regla de oro es que el universo, Dios, o lo Divino, proporcionan una idea a más de una persona al mismo tiempo. ¿Por qué? Porque el universo ya ha aprendido que no todos proceden del paradigma de la abundancia. La mayoría de la gente procede de la mentalidad escéptica y de la escasez que dice: «Oh, la idea probablemente le esté llegando a mucha gente» o «Me ocuparé de ella en algún otro momento». El universo, que sabe eso, proporciona la idea a cinco o seis docenas de personas al mismo tiempo, sabiendo que la mayoría de ellas no hará nada al respecto.

Ésas son las noticias maravillosas para ti. El mensaje es que actúes con respecto a la idea cuando te llegue, porque entonces el universo estará detrás de ti y, una vez más, dispondrás de la energía que viene con la idea para, de hecho, llevarla a cabo. Ése es el primer consejo garantizado que quiero ofrecerte. Cuando acuda a tu mente la siguiente idea, anótala y emprende acciones con respecto a ella. Emplea esas buenas sensaciones para que te ayuden a poner la idea de manifiesto. Cree, además, que la idea te ha llegado como un regalo y hónralo.

El otro pequeño secreto es que cuanto más actúes con respecto a tus ideas, más ideas obtendrás. Así es como he pasado de escribir un libro a escribir cincuenta y tres, y hay más que están por llegar. Así es como he pasado de no tener ningún programa de audio a tener varios. Así es como he pasado de no tener ningún DVD a tener muchos. Cuando la idea se me aparece, emprendo acciones. Doy las gracias por ella. El universo me lo agradece y me proporciona más ideas. También pongo manos a la obra con esas ideas, y antes de que te des cuenta, ya tengo toda una carrera profesional y una línea de producto.

Esto no consiste tanto en crear un producto, sino en llevar un tipo de vida diferente. La vida que has llevado hasta ahora puede que haya sido una vida de escasez e infelicidad, de lucha y conflicto. Te estoy llevando hacia el paradigma de la abundancia, donde la vida es un paseo sobre unas escaleras mecánicas, donde la magia y los milagros se convierten en la norma.

Aquí tenemos mi mensaje central: podrías verte iluminado y despertado en este mismo instante si pudieras estar presente aquí en este preciso momento, pero no lo estás. La mayoría de nosotros no lo estamos. Tenemos pensamientos limitantes. Tenemos negatividad. Tenemos recuerdos. Tenemos una programación. Tenemos pensamientos pasados, presentes y futuros. Todas estas cosas nos mantienen alejados de este momento.

Cuando te libres de todas estas cosas, cuando te desprendas de todos estos pensamientos, de estas limitaciones, cuando te liberes de todos los datos, cuando te desprendas de toda la programación, serás libre para estar aquí ahora. Cuando te encuentres en este preciso momento, todo estará bien. Cuando te encuentres en este mismo instante, verás magia y milagros allá donde mires. Cuando te halles en este preciso momento, la ley de la atracción y la ley de la creación se darán de forma natural. Ya no piensas en ella, sino que la respiras. Cuando te encuentras en este mismo instante, vives el paradigma de la abundancia. Esto es lo que hay en este preciso momento y eso es lo que te espera.

Cuando hablo sobre el paradigma de la abundancia, hablo sobre una forma en la que comprendas la vida de una manera que tenga sentido. Uno de mis autores favoritos es el doctor David Hawkins. Tiene un mapa de la consciencia que ayuda a explicar muchas cosas en nuestra vida. Por ejemplo, una persona que sienta vergüenza, culpabilidad, apatía, pena o miedo procede de un nivel muy bajo de consciencia. En el paradigma de la abundancia queremos proceder de un nivel muy elevado de despertar. Estas fases de la iluminación, la paz, la alegría, el amor, la razón y la aceptación proceden de un nivel muy superior de consciencia.

El paradigma de la abundancia todo lo abarca en el sentido de que, si te sientes enfadado o resentido, debes darte cuenta de que procedes de un nivel de despertar inferior. No se trata, de muchas formas, de un despertar en absoluto. No obstante, si eres consciente de lo que está sucediendo, estás despertando a algún nivel. Quieres proceder del amor. Quieres venir de la felicidad. Quieres proceder de la serenidad. Al hacerlo, te moverás en la dirección del paradigma de la abundancia.

Piensa en los distintos niveles de emoción y en cuál te encuentras en este preciso momento. Si te hallas en un nivel inferior, eso no significa nada malo. No debes culpabilizarte, pero sí que eres responsable de encontrarte a ese nivel, y a medida que pases por los procesos que comentaré aquí, trascenderás a ello. Por ahora simplemente anota esa observación y márcala como favorita. Ahí es donde te encuentras en este momento. Como te quieres a ese nivel, como lo perdonas, ascenderás por el mapa de la consciencia. Ascenderás por las etapas del despertar hacia el movimiento del paradigma de la abundancia.

Déjame aportarte otro pensamiento. Mucha gente está preocupada por el dinero, y la preocupación por el dinero procede de la mentalidad de la escasez. Como es evidente, se trata de un nivel inferior de consciencia. Si quieres proceder de un paradigma de la abundancia, ¿qué pensamiento tendrías acerca del dinero? El que me gusta es de un autor llamado Arnold Patent, que afirmó: «La única finalidad del dinero es expresar agradecimiento».

La primera vez que oí eso, hizo que mi mente se detuviera. Pensé: «¿Qué es lo que quiere decir? La única finalidad del dinero es mostrar gratitud, agradecimiento. ¿Tiene eso sentido?». Cuando me fijé en esta idea por primera vez, me di cuenta de que me estaba fijando en ella desde una mentalidad de la escasez procedente de la forma que tenía la vieja escuela de entender el dinero.

Desde la perspectiva del paradigma de la abundancia, el dinero no es, de hecho, nada más que energía, una energía muy elevada. Cuanto mayor sea tu energía, más capaz serás de generar mayores cantidades de dinero. La única finalidad del dinero es expresar agradecimiento. Cuando estés pagando una factura, en lugar de refunfuñar por ella, da las gracias por el hecho de ser capaz de pagar por ese objeto. Cuando compres cualquier cosa, siente gratitud. El agradecimiento está a un nivel superior en el mapa de la consciencia, y te va a llevar en la dirección del paradigma de la abundancia.

Siempre que pienses en el dinero, piensa en él como en una herramienta querida. Mientras pagas tus facturas, rellenas cheques o haces cualquier gasto, inviertes, donas o compartes con el dinero, considera que su única finalidad es ser un medio de expresar agradecimiento. Al hacerlo, siente esa gratitud. Desde el punto de vista de la ley de la atracción, cuanto más sientas el agradecimiento, más atraerás cosas que agradecer. Tus momentos se volverán más ricos mientras aprecias este instante; y cuanto más emprendas acciones en términos de invertir, gastar y donar dinero, siguiendo tu inspiración, más implicarás a la ley de la atracción. Combina la ley de la atracción y la ley de la creación para avanzar hacia el paradigma de la abundancia.

Permíteme ocuparme de algo más que puede que haya en tu mente. A lo largo de tu vida, va a haber temporadas difíciles. Hay unos altibajos conocidos como la montaña rusa de la vida, además de la montaña rusa de la economía. En ocasiones, va a ser de color de rosa, y a veces va a ser lúgubre. ¿Cómo vives el paradigma de la abundancia cuando no puedes predecir el futuro, cuando no sabes qué aspecto va a tener tu vida, la vida del país o la vida de la economía?

Aquí es donde tienes que desconfiar. La confianza es otro punto de vista que procede de una consciencia superior, y es esencial para el paradigma de la abundancia. Debes confiar en lo Divino, en ti mismo, en el proceso de la vida.

Hace décadas oí que la vida es, simplemente, una montaña rusa. Si puedes permanecer en tu asiento, abrocharte el cinturón y experimentar el viaje, podrás disfrutarlo. Puedes disfrutar de las partes altas y de las partes bajas. Cuanto más disfrutes de cada momento, más atraerás la abundancia, con independencia de lo que suceda en la economía, en el país, en el sistema político o incluso en tu vida personal. Puedes transformar tu situación con las leyes de la creación y de la atracción. Puedes vivir a partir del paradigma de la abundancia. Cuando lo hagas, las cosas llegarán a tu persona de tal forma que otros individuos se rascarán la cabeza, preguntándose cómo lo has conseguido.

En Estados Unidos, pasamos por la Gran Depresión, que empezó en 1929. De hecho, hemos pasado por diecisiete recesiones a lo largo de nuestra historia. Hemos sobrevivido a todas ellas. El país, la gente y la economía siguen su camino. Siempre habrá altibajos.

Si permaneces pegado a los altibajos, si te quedas atado a la preocupación y la lucha, vas, de hecho, a atraer estas cosas. Atraerás más escasez. Cuando entres en el paradigma de la abundancia, empezarás a agradecerlo todo. Comenzarás a emprender acciones con respecto a tus ideas. Puedes ser inmune a las fuentes externas.

Tienes un poder interior que es distinto de lo que está sucediendo con la historia que se está desplegando en el mundo. Independientemente de lo que esté ocurriendo con la economía, puedes ser inmune a ello. Con independencia de lo que esté pasando con el país, puedes seguir prosperando. Y sin que importe lo que esté teniendo lugar con tu familia y tus amigos, puedes ser el pilar fundamental que conozca el secreto para el paradigma de la abundancia.

Si deseas que el mundo sea un lugar más feliz, más saludable y más rico, apórtale una persona más feliz, más sana y más rica: tú.

Céntrate en ti mismo, en tu bienestar y en convertirte en un paradigma de la abundancia vivito y coleando. Entonces podrás atraer la riqueza que puedes usar para ayudar a tu familia, tus amigos, tu comunidad, tu país.

Ahora me encuentro en un punto en el que estoy haciendo cosas como poner en marcha Operation Yes. Operation Yes es mi movimiento para acabar con el desamparo y no disponer de un techo en EE. UU. ¿Cómo puedo hacerlo? Porque he dominado el paradigma de la abundancia.

Aunque puede que el resto del mundo esté preocupado por el dinero, yo sé cómo atraerlo y te enseño cómo hacerlo en este libro.

Aprende la ley de la atracción tal y como la enseño aquí. Aprende la ley de la creación tal y como la enseño aquí. Conviértete en el paradigma de la abundancia y podrás ser la persona que soporte todo lo demás que suceda a tu alrededor y podrás ser libre.

Permíteme aportarte cosas prácticas que hacer para mantener altas tu energía y tu vibración y para conducirte hacia un cambio del paradigma de la abundancia. Esto son cosas que puede hacer cualquiera, incluyéndote a ti en este preciso momento.

La primera es que *sientas gratitud.* ¿Qué significa eso? Mira a tu alrededor en este momento y encuentra, con honestidad, algo por lo que estés agradecido. Podría ser este libro. Podría tratarse de alguien que viva en tu casa. Podría ser una mascota, un ser querido o tu trabajo. Podría ser algo en tu entorno más cercano. Mira a tu alrededor y encuentra, honestamente, algo por lo que estés agradecido y entra en la experiencia de la gratitud.

La gratitud es, en sí misma, la forma número uno para cambiar tu vida de dentro hacia fuera en este momento. Créeme: cuando empieces a practicar la gratitud, tus siguientes momentos serán mejores, porque desde el punto de vista de la ley de la atracción, atraes lo que sientes en este momento. Como sientes esta gratitud, atraerás más cosas por las que estar agradecido.

Hazlo. No pienses simplemente en ello. Hazlo en este preciso instante. Mira a tu alrededor. ¿Por qué estás agradecido? Dilo en voz alta. Siéntelo. Entra en el sentimiento.

Otra cosa que puedes hacer en este mismo momento es *sonreír*. No creas que esto es demasiado fácil o económico. Transformará tu consciencia. Gran parte de la nueva ciencia que consiste en comprender el cerebro afirma que con el mero hecho de sonreír modificarás tu campo de energía y tu sistema de energía.

Ni siquiera necesitas una razón para sonreír. Cuando pronuncies la palabra *sonreír*, sonríe. Cuando pienses en sonreír, hazlo. Cuando pienses en este libro, sonríe. Piensa en algo en tu vida que te haga sonreír o incluso reír. Sigue adelante y hazlo.

Lo siguiente que puedes hacer es *elevar tu vibración*. Cuanto mayor sea tu vibración, con más rapidez obtendrás los resultados que estás intentando atraer hacia tu vida.

Lo siguiente que puedes hacer es *reír*. Puedes reírte al escuchar un buen chiste, o al comprender algo que no habías entendido. Puedes recordar algo que alguien te dijo hace mucho tiempo y simplemente reír.

Ni siquiera necesitas una razón para reír. Puedes usarlo como meditación. Hay, de hecho, grupos de gente que se reúne y tan sólo ríe. Se sientan en círculo y empiezan a reírse a carcajadas sin ningún motivo. Y al empezar a reírse se ríen incluso más.

Puedes emplear el *pensamiento ¿y si...? positivo* que acabo de mencionar. Siempre que acudan pensamientos negativos a tu mente, permite que te sirvan a modo de sistema de alarma en tu cabeza. Tan pronto como empieces a tener un pensamiento negativo y te des cuenta de ello (estás preocupado por tu trabajo, por la economía, por las facturas), detente y dale la vuelta en ese preciso momento. Practica el pensamiento ¿y si...? positivo. Hazte preguntas como: ¿qué si funciona?, ¿qué si consigo un mejor trabajo?, ¿qué si las facturas se pagan?, ¿qué si sucede algo maravilloso?, ¿qué si el siguiente momento es genial? Dale la vuelta a esos pensamientos. Practica el pensamiento en espiral ascendente.

Otra cosa que puedes hacer es *apagar las noticias*. He hablado con mucha gente que ha tenido mucho éxito a pesar de las fluctuaciones económicas de la vida. Estas cosas siempre están cambiando, pero si apagas las noticias, tal y como han hecho estas personas, te encontrarás con que ya no estás siendo programado de una forma negativa.

Los medios te están programando para pensar en términos de carencia y limitación. La programación en la televisión y en la mayoría de los medios no trata sobre la abundancia, sino sobre el dolor, sobre la escasez. Consiste en un nivel inferior de consciencia.

Querrás proceder de la abundancia. Para hacer eso, apaga las noticias. Sé muy selectivo con respecto a qué prestas atención. No necesitas saber qué está sucediendo en otro país, en otro sistema económico o político. Céntrate en tu vida y marca una diferencia en ella. Apaga las noticias.

También puedes empezar a *leer literatura sobre el éxito*. Lee mi libro y otras obras de la misma categoría. Dirígete a la sección de autoayuda de la librería. Lee los libros que te hagan sentir mejor, que te enriquezcan.

Ya te han lavado el cerebro de forma negativa, de una manera relacionada con la escasez. Lávate el cerebro de forma positiva, de un modo que tenga que ver con la abundancia.

Escoge las biografías que desees escuchar o leer: biografías de personas que te hayan inspirado. Lee sus historias, aprende de sus lecciones y sigue alimentando tu mente con este material positivo. Escucha audios positivos e inspiradores. Todo este material te cambiará la vida.

Llegados a este punto, permíteme aportarte algunas preguntas que dan que pensar y que resumen las ideas que aparecen en este capítulo:

¿Qué es un paradigma?

¿Qué es una mentalidad de la escasez?

¿Qué es un paradigma de la abundancia?

¿A partir de qué paradigma estás viviendo en este preciso momento?

¿Puedes predecir tu siguiente pensamiento?

¿Qué puedes hacer para modificar los pensamientos que surgen y que no te importan?

¿Cuál es la mejor forma de crear algo nuevo?

¿Qué es la ley de la atracción?

¿Qué es la ley de la creación?

Cuando te encuentras en este momento, ¿qué te ocurre?

¿Cuál es la única finalidad del dinero?

¿Cuál es tu forma favorita de elevar tu vibración?

Mientras proseguimos nuestro viaje con el paradigma de la abundancia, te guiaré por algunos ejercicios poderosos y en profundidad diseñados para limpiarte y purificarte de la negatividad de tu paradigma anterior. Te ayudarán a limpiarte, de modo que puedas experimentar el paradigma de la abundancia como una nueva forma de vivir.

Te voy a enseñar algunas técnicas de limpieza avanzadas. No son amedrentadoras y no es necesaria una preparación previa para ponerlas en práctica, pero son un material nuevo. Te guiaré. Te llevaré de la mano. Te orientaré cuidadosa y amablemente a lo largo de estas técnicas. Al otro lado hay un mundo de magia y milagros que podrás experimentar momento a momento.

Permíteme acompañarte a lo largo de estos procesos de limpieza y purificación. Déjame ayudarte a aclarar tu mente. Permíteme llevarte al siguiente nivel. Déjame ayudarte a vivir el paradigma de la abundancia.

2

La meditación
de la pizarra blanca

En esta sesión te acompañaré a lo largo de un nuevo ejercicio de limpieza llamado la *meditación de la pizarra blanca*. Lo he probado en mi vida y también en sesiones públicas. Es una herramienta de limpieza muy poderosa que conduce a la esencia del paradigma de la abundancia. Te lleva a ese lugar que llamaremos *Fuente*, en el que la abundancia se convierte, he hecho, en realidad.

Me refiero al lugar que hay más allá del pensamiento, detrás de éste. Con frecuencia he pedido a la gente que imagine sus pensamientos y que luego preste atención al hecho de que puede observarlos, lo que significa que no son sus pensamientos: ellos son independientes de estos pensamientos. Éste es un conocimiento muy importante que nos permite acercarnos más adonde el paradigma de la abundancia se convierte en una nueva forma de vivir y ser.

Aconsejo a la gente que preste atención a sus sentimientos. Tú percibes que tienes sentimientos, pero, una vez más, no eres necesariamente tus sentimientos. Puedes observarlos.

Cuando lo haces te das cuenta de que, en realidad, eres independiente de ellos.

También invito a la gente a ser consciente de su cuerpo. ¿Cómo lo siente? ¿Está sentada? ¿Está de pie? ¿Se está moviendo? ¿Está haciendo ejercicio? ¿Se está relajando? ¿Está tumbada? ¿Cómo se siente el cuerpo? Comienzas a ser consciente de cómo te hace sentir tu cuerpo.

Si una parte de ti es independiente de tus pensamientos, de tus sentimientos y de tu cuerpo, ¿cuál es la parte que está observando todas estas cosas?

A medida que te acompañe a lo largo de este ejercicio, lo ideal es que te relajes, si así lo deseas. Puedes dejar los ojos abiertos o puedes cerrarlos: haz lo que mejor te haga sentir en esa situación.

Mientras estás viviendo y respirando, date cuenta de que eres independiente de tus pensamientos. Van y vienen. Son como pájaros que vuelan a través de tu consciencia, y tú los estás observando. ¿Cuál es trasfondo de estos pensamientos? Mientras observas los sentimientos, ¿cuál es el trasfondo que está observando esos sentimientos? Mientras sientes tu cuerpo, mientras observas tu cuerpo, ¿cuál es el trasfondo que está llevando a cabo toda esa observación?

Algunas tradiciones espirituales denominan a esto el *testigo*. Yo lo llamo la *pizarra blanca*, y lo hago por una razón. En el mismísimo núcleo de la vida, donde el paradigma de la abundancia es una forma de ser, no hay pensamientos, no hay sentimientos; no hay nada sino vacío.

Este vacío está vivo. Si hay alguna palabra para describirlo, podría ser *amor*, pero incluso el *amor* es una palabra que acabamos escribiendo en la pizarra blanca de la consciencia.

Tan pronto como escribimos una palabra en ella, empezamos a separarnos del paradigma de la abundancia.

Hace no mucho tiempo, di una charla a un par de cientos de personas que eran colegas míos. Coloqué una pizarra blanca en el escenario, sin nada escrito en ella. Probablemente podrás imaginártelo en este mismo instante: una pizarra blanca sobre un soporte sin ni siquiera una palabra ni una nota escrita en ella.

Invité a la gente del público a que me hablara de todos los métodos de crecimiento personal que conocieran. A medida que se les iban ocurriendo, los anotamos en la pizarra blanca. Había de todo, desde trabajo en las creencias o convicciones hasta la respiración, la hipnosis, la programación neurolingüística (PNL), las afirmaciones y la visualización.

La lista seguía y seguía. Continuamos escribiendo en la pizarra blanca hasta que quedó casi negra con todas las palabras. Siguieron surgiendo más métodos de desarrollo personal, y dije: «Simplemente seguid anotándolos en la pizarra blanca, incluso aunque tengáis que escribir encima de lo que ya hay escrito».

Como era de esperar, al cabo de tan sólo algunos minutos, la pizarra blanca había «desaparecido». Miré al público y comenté: «¿Qué ha pasado con la pizarra blanca? ¿Dónde está?».

El público se dio cuenta de que todas las técnicas que había anotado en la pizarra blanca estaban, de hecho, manteniéndoles apartados de la pizarra blanca.

Entonces les expliqué el proceso de limpieza y purificación. Les dije: «Todas estas técnicas son de utilidad en algún momento y lugar. El error que cometemos es pensar que la misma técnica va a ser útil y de ayuda cada vez que la necesitemos».

Puede que no sea el caso. Es posible que acabe separándonos, en este momento, de la Divinidad representada por la pizarra blanca.

Mientras les explicaba estos conceptos, empecé a borrar algunas de las palabras de la pizarra blanca, de modo que se pudieron empezar a ver pequeñas zonas blancas de nuevo. Seguí explicando que las distintas técnicas que usamos acuden a modo de inspiración, lo que significa que la persona que recibió la idea en ese momento con mucha probabilidad la recibió de lo Divino. Ésa era una idea beneficiosa y útil, y satisfizo su objetivo en ese preciso lugar y momento; pero pensar que la misma idea va a ayudar a cada persona del planeta en todas las ocasiones que se use supone una limitación. Seguí explicando que el enfoque más inteligente es darse cuenta de que cuanto más puedas limpiarte y purificarte de la negatividad y las limitaciones que se encentran en tu interior en este momento, y cuanto más puedas permitir que la pizarra blanca permanezca blanca, más cantidad de inspiración podrá dirigirte en lo que hagas a continuación.

A medida que seguía explicando, seguía borrando. La gente preguntaba cosas como: «¿Cuál es la diferencia entre una intención y una inspiración?». Íbamos de un lado a otro, mirando hacia la pizarra blanca, que seguía cubierta de todas esas palabras, y sólo se veían zonas blancas entre ellas. Yo decía: «Con mucha frecuencia, las intenciones proceden de nuestro ego. Estamos ahí sentados y pensando: "Quiero tener mucho dinero"; "Quiero tener la casa más grande posible"; "Quiero tener el negocio más grande que pueda"; "Quiero tener la relación más romántica posible" o "Quiero tener a una persona concreta". Todo eso procede de nuestro ego.

»En las primeras fases del despertar, nuestro ego controla más o menos nuestra vida, y ésa es, básicamente, la respuesta sobre por qué nuestra vida no siempre funciona. Cuando nos desprendemos de esas intenciones del ego y empezamos a permitir que aparezcan las intenciones divinas o inspiradas, nuestra vida comienza a desplazarse hacia un paradigma de la abundancia».

Mientras explicaba esto, borré algunas palabras más de la pizarra blanca, y ya se podía ver un poco más de blanco. Seguí señalando que, en la segunda y la tercera fase del despertar, el ego cree que ostenta el control. En la tercera etapa empieza a rendirse, pero sigue vivo y coleando: en muchos sentidos está pataleando y gritando mientras se rinde a lo Divino.

Queremos ir a la mismísima pizarra blanca. Deseamos sentirnos inspirados por la pizarra blanca, por la Divinidad, por Dios, respirando a través de nosotros, viviendo a través de nosotros.

Mientras explicaba estos principios, borré todavía más la pizarra blanca. Entonces pasé a explicar la historia de los cero límites, sobre cómo aprendí el *ho'oponopono*. El *ho'oponopono* es una técnica de sanación hawaiana que aprendí hace muchos años, de la cual he hablado en otros contextos. La aprendí gracias a un terapeuta que trabajaba en un hospital psiquiátrico para delincuentes dementes. Empleó un método para ayudar a sanar a todo un pabellón de criminales con trastornos psiquiátricos.

¿Qué hizo? Mientras se fijaba en sus historiales, sentía algo. Sentía repulsión, ira, tristeza o vergüenza. Con independencia de sus sentimientos, los limpiaba, lo que significa que se fijaba en las convicciones que aparecían y luego las borraba en su consciencia, porque estaba intentando regresar a la pizarra blanca del ser en su interior.

Mientras llevaba a cabo esta limpieza en su interior, se produjo un milagro. Esos delincuentes con problemas psiquiátricos empezaron a mejorar.

Se trataba de pacientes que antes habían sido tan peligrosos y violentos que se los tenían que sedar o encadenar. Este terapeuta empezó a practicar el *ho'oponopono* trabajando en sí mismo para borrar toda la información, todas las creencias limitantes en su interior que estaban evitando que experimentara la experiencia de la pizarra blanca. Mientras se limpiaba a sí mismo, esos pacientes mejoraron.

Al mismo tiempo que explicaba esta historia, seguía borrando la pizarra blanca. Mientras lo hacía, la gente del público empezó a darse cuenta de que la pizarra era la fuente de la abundancia.

Era y es la fuente de la inspiración. La pizarra blanca es la Divinidad que anhelamos. Se encuentra detrás de tus pensamientos, de tus sentimientos, de la conciencia de tu cuerpo en este mismo instante.

Ahora, mientras pasas por esta experiencia, date cuenta de que estás trabajando a dos niveles: tu mente consciente y tu inconsciente.

Visualiza una pizarra blanca, con pensamientos escritos en ella. Pensamientos que se te estén ocurriendo ahora, quizás escépticos, tal vez cariñosos, o infelices, o es posible que alegres. Están siendo escritos en la pizarra blanca mientras se te ocurren.

Ahora, al igual que puedes, fácilmente, imaginar cómo se escriben esas palabras, quiero que imagines, con facilidad, que son borradas de la pizarra blanca de tu ser.

Si te estás preguntando adónde lleva esto o cómo funcionaba, sé consciente de que son pensamientos procedentes de tu ego. Todos ellos están siendo escritos en la pizarra blanca mientras los piensas. Cuanto más pienses en estos pensamientos, más permanecerás alejado de este momento.

Una vez más, toma un borrador en tu mente y empieza a borrar la pizarra blanca.

Seguí haciendo eso con el público al que estaba instruyendo. Mientras lo hacía, la pizarra blanca se fue volviendo cada vez más limpia. Todas las palabras que habíamos escrito en ella estaban desapareciendo. Las estábamos borrando. La gente también se dio cuenta de que esos pensamientos se estaban borrando desde el interior. Todas las limitaciones, la negatividad, las convicciones que estaban alejándoles de la pizarra blanca, manteniéndoles lejos de la Divinidad, de la inspiración, de Dios, estaban siendo borradas de modo que pudieran estar aquí y ahora.

Mientras me ocupaba de estas personas, vi que muchas de ellas tenían lágrimas en los ojos y sonrisas en el rostro. Se estaban emocionando de la forma más profunda e inesperada: todo ello debido a que eran conscientes de que la fuente del ser, la fuente del paradigma de la abundancia, se descubre a través de esta pequeña y sencilla visualización. Cuanto más podían avanzar hacia la pizarra blanca, más felices se volvían. Cuanto más podían convertirse en la pizarra blanca, más felices podían estar todo el tiempo.

La pizarra blanca es una imagen que puedes llevar contigo. Mientras te ocupas de tu rutina diaria, si hay un estrés, una alarma, un pensamiento que no te gusta, puedes, simplemente, decir: «Eso está escrito en la pizarra blanca. Estoy desconectado del pensamiento. Estoy desconectado del sentimiento. La pizarra blanca es la esencia, y, en esencia, yo *soy* la pizarra blanca».

Reflexiona sobre esa imagen. Mientras avanzas por este proceso, relájate. Estás despierto, estás alerta. Puedes cerrar los ojos si lo deseas, pero estás despierto. Tienes un estado de alerta relajado. Estás despierto a la imagen de una pizarra blanca detrás de todo lo que hay en tu experiencia vital. Si aparece alguna cosa (un recuerdo, una historia, una imagen, un mundo, una frase), tanto si te gusta como si no, se está generando desde tu mente inconsciente porque está lista para que la dejes ir. No tienes que apegarte a nada. En este preciso momento, permite que las palabras y las imágenes que sea aparezcan para que así te encuentres ahí. Trae tu borrador contigo y bórralas mientras haces todo lo que puedes para centrarte en la pizarra blanca: una simple y brillante pizarra blanca.

Esta meditación de la pizarra blanca es probablemente más poderosa, espectacular y avanzada que cualquier otra técnica con la que te hayas cruzado en tu vida. Mientras muchas meditaciones son superficiales, trabajando sólo al nivel más elevado de la conciencia, ésta llega al núcleo. Va a la fuente.

Hablamos del paradigma de la abundancia, y en el cero, en la pizarra blanca, no hay nada sino abundancia: hay la totalidad de toda posibilidad.

A medida que vas saliendo de esta meditación concreta, me gustaría que tuvieses esto en cuenta: si al nivel de la pizarra blanca no hay limitaciones, ¿qué harás? Si en la pizarra blanca no hay normas, no hay techos posibles, ¿quién serás? Si en la pizarra blanca eres lo Divino mismo, ¿qué te inspira lo Divino que hagas a continuación?

Te recomiendo encarecidamente que tomes notas de tus respuestas. Acude a tu diario o tu libreta de notas y apunta qué te ha parecido esta experiencia. Anota tus sentimientos, cualquier cosa que te haya ocurrido a modo de conocimiento.

Por último, te animo a que recuerdes siempre la pizarra blanca como imagen desencadenante. A medida que avances a lo largo de tu día, con independencia de lo que suceda de tanto en tanto, simplemente piensa en la pizarra blanca. Permite que sea una palabra clave que evoque el estado de desapego. La pizarra blanca es un desencadenante para traerte de vuelta al paradigma de la abundancia. Desde el paradigma de la abundancia no hay carencia. No hay limitación. No hay escasez. Existe una posibilidad ilimitada, un potencial ilimitado, un amor ilimitado. Todo lo que tienes que recordar es la pizarra blanca.

A continuación, te llevaré a una experiencia de narración de relatos hipnótica desde el trance de la limitación hasta el de la abundancia.

Puedes llevar a cabo esta visualización a medida que lees, o mientas alguien te la lee en voz alta, o bien puedes grabarte leyendo las instrucciones y realizar la meditación mientas la reproduces. En realidad, no importa si dejas los ojos abiertos o no, pero sí que te relajes por completo y que te dejes ir con la experiencia de la narración.

Deberías tener el teléfono desconectado. Tendrías que contar con la seguridad de no sufrir interrupciones.

Este proceso está diseñado para limpiar y purificar a un nivel muy profundo e inconsciente. Simplemente confía en el proceso y permítete pasar al interior del paradigma de la abundancia.

En primer lugar, respira hondo y luego deja salir el aire poco a poco. No hay lugar al que puedas ir, y no hay nada que puedas hacer. Estírate un poco: estira tu espalda, tus brazos, tus piernas, accede al interior de tu cuerpo. Permítete estar aquí, y ahora haz que éste sea tu momento para relajarte, para sanar, para sentir amor.

Una vez más, respira hondo. Aguanta la respiración un segundo antes de permitir que el aire salga en forma de un gran suspiro. Sienta bien relajarse. Puede que desees empezar a nivel de tus pies y relajar los dedos de esta parte del cuerpo. Mueve los dedos de tus pies mientras los relajas y sólo piensas de manera consciente, *relajado*.

Respiras profunda y homogéneamente, desprendiéndote de cualquier preocupación y estrés. No hay nada que tengas que hacer ahora excepto dejarte ir. Siempre que te apetezca, puedes desplazarte a la parte inferior de tus pies y relajarlos. Tan sólo dile a tus pies que se *relajen*.

Una vez más, respirando de manera profunda y uniforme, vas a desplazarte en sentido ascendente por tu cuerpo, subiendo hasta tus tobillos. Mueve los pies y asegúrate de que se estén relajando y comprendiendo que les estás pidiendo que se dejen ir. Haz lo mismo con tus tobillos, ascendiendo poco a poco con esta ola de relajación. Un tipo de amor, la ola del amor cariñoso, sube por tus piernas, relajando. Puedes moverte un poco en tu cuerpo mientras te adaptas. Una vez más, tu respiración es profunda, tranquila y relajada. La sensación de dejarse ir es realmente genial.

Seguirás permitiendo que la ola de relajación ascienda por tu cuerpo, alrededor de tu cintura, tu estómago, tu espalda. Asegúrate de que cada célula de tu cuerpo se esté relajando, se esté dejando ir. Sí, es una sensación genial relajarse y dejarse ir. Esa ola de relajación está ascendiendo por tu columna vertebral, extendiéndose por tu espalda, por tus hombros, y, luego, por tu abdomen y por tu pecho.

Respirar hondo, relajarse y dejarse ir. No hay nada que hacer, no hay nada en lo que pensar. Incluso puedes irte a dormir, si lo deseas, y permitir que este mensaje penetre en tu mente inconsciente. Una vez más, puedes relajarte por completo, dejarte ir del todo, e incluso dejarte llevar en este sueño revitalizante. Tus brazos se relajan, igual que lo hacen tus muñecas y tus manos. Oh, que genial sensación es simplemente dejarse ir y relajarse.

Por supuesto, tu cuello se está relajando. Puedes sentir cómo tu cabeza se está aflojando sobre tu cuello. La parte posterior de tu cabeza se está relajando, al igual que lo están haciendo tu cara, tus ojos, tu frente y la parte superior de tu cabeza. Todo se está relajando por completo, se está dejando ir. Estás inundado en el mar del amor, que te está bañando, rejuveneciéndote, relajándote.

Ahora imagínate que hay un remolino de energía abriendo tus *chakras* poco a poco y con suavidad: nada agobiante, nada dañino. Todo esto consiste en un suave hervor de amor girando alrededor de tu sistema de energía como un aura alrededor de tu cuerpo. Te está protegiendo. Te está despertando a la abundancia.

Mientras te relajas en una dulce comodidad en esta protección de energía y te dejas ir, imagínate que atraviesas una puerta abierta, una puerta que te conduce hacia un paraíso. Este paraíso puede consistir en lo que sea que veas, en lo que sea que imagines.

¿Qué aspecto tiene el mundo perfecto para ti? Atraviesas esta puerta, y ahí, al otro lado, tal vez haya color, belleza, luz, amor. Todo por lo que te has preocupado alguna vez se ha esfumado. Cada historia que te has contado sobre la carencia, la limitación y la escasez ha desaparecido. Estas cosas no existen en este nuevo mundo. En este nuevo mundo en el que estás viviendo y respirando, ahora las flores parecen más coloridas. Su aroma parece más hermoso. El cielo parece más despejado. Tu cuerpo parece joven, radiante y lleno de poder y energía. Tu mente parece clara, abierta y positiva.

Mientras miras a tu alrededor, puedes ver que hay un tipo de pizarra blanca de la cual procede todo esto. Hay una pizarra blanca que es la fuente, que está aportando la abundancia de vivir hacia el interior de tu conciencia. El hogar en el que siempre has deseado estar se encuentra justo aquí. Puedes, de hecho, acceder directamente a él. Cuando llegas a la puerta principal y la abres, te la encuentras sin la cerradura echada. Tu nombre se encuentra en la puerta, la atraviesas y ves tu hogar: un hogar que no contiene nada excepto amor, abundancia, alegría, poder y seguridad.

La vibración de este hogar es muy elevada. Mientras caminas por él, puedes sentir cómo te llena de energía. Te está proporcionando el sentimiento energizante del amor. Estás empapándote de esta experiencia sanadora y rejuvenecedora, y estás siendo consciente de que «Ésta es mi vida. Esto es la abundancia. Éste es mi hogar. Este mundo es real».

Caminas por tu casa y todas las cosas que has deseado que en alguna ocasión se pusieran de manifiesto o que fuesen atraídas mediante la ley de la creación o la ley de la atracción están ahí. Ya existían. Tanto si se trata de una persona, un lugar o una cosa, están ahí. Prácticamente puedes desear que se hagan realidad, y aparecen. Es un universo mágico. Es el lugar de la abundancia. Es el lugar de la magia y los milagros, y es el sitio en el que vives ahora.

Deambulas, ascendiendo por las escaleras de esta casa. En el segundo piso te están esperando más milagros. Ahí hay un guía que tiene un mensaje que darte sobre la abundancia. Este guía podría ser alguien a quien conoces o alguien que no conozcas, pero se trata de un personaje cariñoso, sabio y seguro. Esa alma sabia se toma un momento para transmitirse un mensaje. Detente y relájate mientras asimilas ese mensaje. Ahora sonríe y dale las gracias a ese guía sabio y luego avanza hacia otra habitación.

En otra estancia, otro guía tiene otro mensaje para ti sobre tus relaciones.

Tómate un instante y escucha mientras este guía te proporciona una generosa reflexión sobre las relaciones. Una vez más, sonríe y da las gracias, y quizás hasta realiza una reverencia al guía y pasa a otra habitación.

Sí, aquí hay todavía otro guía más. Éste tiene un mensaje para ti sobre la prosperidad, sobre la propia abundancia. Escucha mientras este guía te transmite el mensaje. Una vez más, da las gracias, haz una reverencia, asiente, sonríe y pasa a otra planta o a otra habitación: lo que te resulte más adecuado para ti.

Éste es tu castillo mágico. Ése es tu hogar de la abundancia. A medida que avances, encontrarás a un guía más, a otra alma segura, sabia y cariñosa que tiene un mensaje para ti acerca de tu salud. Escucha mientras oyes este mensaje. Una vez más, da las gracias, sonríe, haz una reverencia y prosigue.

Estás percibiendo que hay sabiduría. Te estás dando cuenta de que puedes ir a este hogar, a este lugar de abundancia, siempre que lo desees. Es real. Tanto como cualquier otra cosa en tu vida en este momento.

Mientras caminas de un lado a otro, sales al exterior y te encuentras en el jardín, donde hay otro guía con otro mensaje para ti. Permite que este mensaje sea bien recibido. Es para ti personalmente: acerca de tu misión en la vida, viviendo a partir del paradigma de la abundancia. Escucha con atención mientras te comunica el mensaje. Una vez más, da las gracias, haz una reverencia, sonríe y aléjate de ese último guía.

Mientras exploras el terreno que hay alrededor de este hogar de abundancia, te encuentras con que hay otro edificio en la propiedad: un pequeño santuario. Dirígete a él. Al acercarte, verás que tiene una puerta de vidrio. No pues ver del todo bien a través de ella, pero la abres, accedes al interior y ves un altar. Hay velas, luces e incienso, y parece el lugar más sagrado con el que te hayas encontrado.

Ahí, en el altar, hay una nota. Caminas hacia ella, la levantas y la lees. Dice: «¿Qué deseas? Si pudieras tener, hacer o ser lo que fuera, ¿qué te gustaría haber atraído a tu vida? ¿Qué desearías crear en tu vida? ¿Qué te gustaría experimentar del paradigma de la abundancia? ¿Qué deseas?».

Te tomas un momento para reflexionar, y, casi al instante, surge algo.

Le das la vuelta a esa nota y anotas tu petición, sabiendo que se va a convertir en realidad porque te encuentras en la casa de la manifestación.

Después de ver a todos tus guías y de atravesar este hogar de la abundancia, estar en esta casa de la manifestación significa que, con independencia de lo que anotes, va a aparecer en tu realidad, así que piensa con detenimiento qué es lo que deseas. Apúntalo tan claramente como puedas y con tan pocas palabras como sea posible. Cuando hayas acabado, dale la vuelta a ese papel y déjalo en el altar. Empiezas a alejarte poco a poco del altar, sintiendo los maravillosos sentimientos en esa área, y luego sales.

Comienzas a caminar de regreso hacia la casa y la atraviesas, quizás volviendo a ver a tus guías, sonriéndoles y saludándoles con una inclinación de la cabeza. Puede que alguno de ellos tenga un mensaje más para ti, y te detienes para escucharlo.

Luego sigues caminando hasta que atraviesas la casa y sales de ella, volviendo sobre tus pasos, de modo que puedas regresar al lugar donde empezó todo. Mientras abandonas esa zona y regresas al aquí y al ahora, hacia el interior de tu cuerpo, notas que te sientes distinto. Sabes que ha sucedido algo a un nivel muy profundo: una sanación, una limpieza, una purificación. Tu mente inconsciente se ha visto borrada de los datos que estaban evitando que te sintieras exuberante, que fueras exuberante y que vivieras la abundancia.

Eres muy consciente de que todo esto es real. Sí, ha tenido lugar en el reino de la mente, pero todo ello es real. Los guías son reales. Los mensajes son reales. Tu petición es real, y tu petición va a convertirse en realidad.

Ahora regresa poco a poco a tu cuerpo. Date cuenta de que estás aquí y ahora, todavía en paz, todavía relajado, todavía tranquilo. Mueve los dedos de los pies y sacude las manos. Abre los ojos y mira en torno a la habitación. Sé consciente de que estás completamente despierto, de que estás por completo aquí y ahora, y de que te sientes de maravilla. Estás del todo despierto aquí y ahora, sonriendo a lo grande, respirando profundamente, sintiéndote genial.

En cuanto dispongas de un momento que parezca inspirado, anota en tu libreta todos los mensajes que has recibido de tus guías. Apunta la petición que has formulado, que sabes que está llegando a tu vida. Describe cómo era vivir en la casa de la abundancia. Describe cómo es vivir ahora en el paradigma de la abundancia. Fija este momento con tu descripción. De vez en cuando, cierra los ojos y revívelo. Siempre que te sientas inspirado, regresa y repite este ejercicio: pasa por el asombro de todo ello de nuevo. Cada vez que lo hagas, obtendrás un mensaje distinto de cada guía, y podrás formular una nueva petición. Por ahora, sonríe, da las gracias, siente gratitud, estírate y permanece despierto.

Puedes pasar por esta maravillosa experiencia hipnótica de narración cada día. De hecho, te animo a que lo hagas cada noche antes de acostarte. Pero ¿por qué iba yo a decir esto? Obviamente, te ayuda a relajarte. La mayoría de nosotros vivimos jornadas estresantes, porque todavía no nos hemos fusionado con el paradigma de la abundancia. Hasta que lo consigamos, una cosa que hay que hacer es escuchar, desestresarse y despojarnos de todo lo que haya estado sucediendo durante el día, centrarnos en lo que queremos y llegar al lugar en el que pueden producirse la magia y los milagros.

Cada vez que practiques este ejercicio, vas a escuchar distintas sugerencias de tus guías, que proceden de tu yo superior, de tu mente inconsciente.

Te encuentras en un estado de relajación tan profundo que cuando formulas una petición, es como darle una orden al universo. Sé muy consciente de lo que pides, ya que entrará en tu realidad.

He estado practicando la hipnosis desde que tenía dieciséis años. Soy hipnoterapeuta titulado. He realizado trabajo de hipnosis con docenas o, quizás, centenares de personas. He trabajado en distintos seminarios, con el Gremio Nacional de Hipnotistas de EE. UU. y con muchas otras fuentes. Soy un estudioso de Milton Erickson, el famoso hipnotista que se especializó en la historia de la hipnosis. He empleado todos estos distintos elementos que he aprendido gracias a mi experiencia y formación para crear esta singular experiencia de narración para ti.

Está diseñada para ayudarte a relajarte y derribar las defensas inconscientes y la negatividad, de modo que podamos abordar la mente inconsciente.

Tu mente inconsciente es mucho más poderosa que tu mente consciente. Tu mente consciente está al tanto de unos cuarenta fragmentos de información en cualquier momento dado, mientras que tu mente inconsciente está al tanto de unos once millones de fragmentos. La mente inconsciente es donde están almacenados todas las creencias, los datos y la programación, y es donde tienes que llevar a cabo la limpieza y la purificación.

Este estado concreto de inducción del trance empleando la historia que he descrito está diseñado para hablarle a tu mente inconsciente y ayudarte a eliminar los escombros, de modo que puedas vivir el paradigma de la abundancia. Pasa por ella cada día. Pasa por ella cada vez que te sientas inspirado a hacerlo, especialmente siempre que consideres que te has descentrado y que percibas que las cosas no están yendo como deseabas.

Mientras cierro este capítulo, tenemos algunas preguntas que dan que pensar y que proceden de los alumnos de mi programa de *coaching* de milagros. Advertirás que son muy profundas, muy sinceras y muy francas, porque proceden del corazón de personas que sienten estas preguntas.

Puede que te encuentres con que mientras vuelves a consultar este libro y vuelves a revisar las preguntas más adelante, tus respuestas puedan cambiar, porque mientras pasas por el proceso del despertar, llegas al lugar en el que eres un ser humano que ha despertado y vives el paradigma de la abundancia.

Llegado a ese punto, tus respuestas van a ser completamente distintas de cuando las contestaste en el primer, el segundo o el tercer nivel del despertar.

Contesta a estas preguntas de inmediato. Diviértete con ellas y luego vuelve a ellas en otro momento y revísalas. Esto te ayudará a llevar este proceso a un nivel completamente nuevo.

- Una vez que esté limpio de bloqueos importantes, ¿fluirá la inspiración de forma natural hacia mi consciencia o son necesarios otros pasos?

- ¿Cuál es la diferencia entre la inspiración y los pensamientos regulares?

- ¿Cómo puedo fomentar la inspiración posterior una vez que la haya recibido?

- ¿Por qué evitan los bloqueos que se dé la inspiración?

- Cuando siga la inspiración, ¿seguiré encontrándome con resistencia?

- ¿Podemos vernos inspirados a hacer algo que puede que no sea lo mejor para nosotros o que incluso pueda hacernos daño?

- Una vez que me sienta inspirado a hacer algo, ¿cómo puedo evitar interponerme o sabotear mi propio éxito?

- Una vez que la puerta de la inspiración se abra, ¿se cerrará si no actúo de inmediato?

Seguiremos con más en el siguiente capítulo.

3

Limpiar con el *ho'oponopono*

En este capítulo deseo tratar la técnica de limpieza del *ho'oponopono*. Tanto si has oído hablar de ella como si no, voy a conducirte a nuevos niveles de comprensión. Empezaré con el método básico del uso del *ho'oponopono* para limpiarte y purificarte. Luego trataré un método avanzado del que probablemente nunca hayas oído hablar.

En primer lugar, ¿qué es el *ho'oponopono*? Bueno, esta palabra que suena tan rara (que no tienes por qué memorizar ni aprender a deletrear) hace referencia a una técnica de sanación hawaiana. En una época fue secreta, pero en mis programas de audio, como *The secret to attracting Money* y *El secreto faltante*, he presentado el *ho'oponopono* a muchísimas personas que lo han estado practicando. Estas personas han estado experimentando experiencias que les han cambiado la vida gracias a esta sencilla técnica.

En primer lugar, permíteme explicar cómo descubrí este proceso. Tal y como ya he mencionado, hace años un amigo mío había oído hablar de la increíble historia de un terapeuta que trabajaba en el hospital estatal para delincuentes con problemas psiquiátricos en Hawái. Las personas que se encontraban allí eran criminales y padecían enfermedades mentales. Se les había ingresado en esa institución y se les había dejado encerrados en ella. La mayoría de estos pacientes tenían que ser sedados o encadenados, porque eran muy peligrosos y violentos. El hospital seguía perdiendo personal. Las enfermeras no querían estar allí, lo mismo que los médicos y los terapeutas.

El hospital estaba desesperado. En su búsqueda de alguien que les ayudara, encontraron a un terapeuta singular. Tal y como me relataron, este terapeuta fue a esta institución y practicó la antigua técnica hawaiana de sanación. Mientras la practicaba, esos pacientes, esos delincuentes con trastornos psiquiátricos empezaron a mejorar.

Esto parece maravilloso, increíble y milagroso. Cuando lo escuché por primera vez, sentí incredulidad: ¿cómo era posible que un terapeuta pudiera sanar a criminales con trastornos psiquiátricos? Bueno, la cosa se pone mejor todavía, porque ayudó a sanarlos sin ni siquiera hablar con ellos directamente. No les tocó. No trabajó con ellos. No les vio en lo que sería una relación normal entre médico y paciente.

Esto me pareció todavía más raro, y quise conocer la verdad. La persona que me contó esta historia sólo tenía una vaga idea. Pensé que se trataba de una leyenda urbana. Creí que tenía que tratarse de ficción. Me embarqué en una aventura para encontrar al terapeuta, el hospital y a la gente que había allí. Acabé escribiendo un libro titulado *Cero límites: las enseñanzas del antiguo método hawaiano del ho'oponopono*, en el que explico toda la historia.

El terapeuta se llama Ihaleakala Hew Len. Yo le llamo Hew Len. Nos hicimos amigos.

Contacté por primera vez con él por teléfono. Hablé con él vía telefónica y le pregunté todo acerca de la historia del hospital. Me dijo que era verdad.

—¿Pero qué estabas haciendo para sanar a estas personas? –le pregunté.

—Simplemente me estaba limpiando y purificando.

Eso no tenía sentido para mí, y le pedí que me lo explicara. Me dijo que estaba usando un método que él llamaba *ho'oponopono*. Yo no sabía deletrearlo y desconocía cómo pronunciarlo. No lo iba a memorizar. En ese momento todo era demasiado confuso.

El doctor Hew Len prosiguió contándome que una *kahuna*, una maestra hawaiana de los misterios, le había enseñado esta técnica y que él la había practicado durante veinticinco años. Cuando el hospital lo contrató para trasladarse allí y trabajar con esos pacientes, los administradores estaban desesperados. Le dijeron: «Sólo necesitamos a un terapeuta entre nuestro personal. Puede hacer lo que quiera, pero para que podamos obtener fondos, necesitamos disponer de un psiquiatra colegiado trabajando para el hospital».

Hew Len llegó al acuerdo por el cual estaría sentado en su oficina y examinaría las fichas de los pacientes. Mientras lo hacía, practicaba esta técnica hawaiana de sanación consigo mismo. Y mientras la practicaba en sí mismo, esos pacientes empezaron a mejorar.

Probablemente me sentí tan confundido como puede que lo estés tú, y seguí preguntando: «¿Cómo funciona esto?».

El doctor Hew Len me explicó que nosotros creamos todo en nuestra vida. Somos responsables al cien por cien de todo lo que aparece. No hay excepciones. No hay resquicios. No hay una tarjeta para salir de la cárcel.

Mientras seguía hablando con el doctor Hew Len, me preguntó:

—¿Has oído alguna vez la frase de que tú creas tu propia realidad?

—Por supuesto. Escribo acerca de eso. Lo enseño.

Tú creas tu propia realidad es una especie de mantra entre la gente que pertenece al movimiento de la autoayuda y la transformación personal.

El doctor Hew Len siguió ensanchando mi mente de tal manera que no ha recuperado su forma anterior. Prosiguió diciéndome: «Si tú creas tu propia realidad y un delincuente con una enfermedad mental aparece en ella, ¿no has creado tú también a esa persona?».

Estaba diciendo que una responsabilidad al cien por cien significa que cualquier cosa, cualquier persona y cualquier incidente que aparezcan en tu vida, tanto si te gustan como si no (ya sean buenos, malos o indiferentes, o con independencia de cómo los hayas estado valorando), los has creado tú. Tú los has traído a tu vida.

Éste es un salto cuántico en la comprensión de la responsabilidad personal. Una persona me dijo en una ocasión: «Ésta no es una responsabilidad al cien por cien, sino al doscientos por cien, porque estás asumiendo la responsabilidad de lo que parecen ser las personas que aparecen en tu vida».

El doctor Hew Len siguió explicándome que asumía la responsabilidad por todo lo que estaba apareciendo. Como estos pacientes habían aparecido en su vida porque ahora estaba trabajando en ese hospital, tenía que asumir la responsabilidad por ellos. ¿Cómo lo hizo? Se dio cuenta de que, debido a la ley de la atracción, a gran profundidad en su interior, quizás y muy probablemente de forma inconsciente, había una fuerza magnética que los situaba a él y a ellos en el mismo lugar.

Esta fuerza había unido a estas personas por alguna razón: debido a la programación. Esta programación se encuentra, en gran medida, en los rincones oscuros de nuestra mente. Ni siquiera somos conscientes de que está ahí. Miras a tu alrededor y te preguntas: «¿Por qué ha aparecido esta persona en mi vida?», «¿Por qué ha sucedido esta experiencia?» o «¿Por qué ha sucedido esta cosa mala?». Tú la cocreaste, tú la atrajiste, pero no lo hiciste a sabiendas o de manera consciente en mayor medida en que el doctor Hew Len creó conscientemente a esos pacientes. De un modo inconsciente, se está produciendo muchísima programación.

El doctor Hew Len prosiguió diciendo que esa programación en su interior, que cocreó a todos esos pacientes que aparecieron en su vida, debía ser limpiada. Esa programación, esas limitaciones, esas creencias se encontraban en su inconsciente. Estaban provocando que esas cosas apareciesen en su vida, y debían limpiarse. Hizo eso con el *ho'oponopono*. ¿Cómo? Prosiguió para decirme que todo para lo que estaba ahí era para limpiar y purificar.

—¿Qué significa eso? –le pregunté.

—Joe, incluso mientras estoy hablando contigo en este preciso instante, todo lo que hago es limpiar y purificar. Lo que hice con esos pacientes con trastornos psiquiátricos fue limpiar y purificar.

—¿Qué significa eso?

—Todo lo que estoy haciendo es mantener una conversación en mi interior con la Divinidad, con Dios –con la pizarra blanca–. Estoy simplemente pronunciando cuatro frases a modo de mantra, de salmo, de oración.

Éstas eran las cuatro frases:

Lo siento.

Por favor, perdóname.

Gracias.

Te quiero.

Cuando me dijo esas frases, una vez más, no tenía sentido. Me pregunté: «¿Cómo borran estas cuatro frases la programación que se encuentra en tu mente inconsciente y que está atrayendo esas experiencias?».

Si realmente quieres desplazarte hacia el paradigma de la abundancia, debes limpiar el viejo paradigma. El método del doctor Hew Len es una forma fenomenal de hacerlo. Todo lo que haces es pensar, en silencio, en tu interior, en lo que sea que te preocupe (ya sea otra persona, un problema, una situación, o lo que resulte ser), y luego pensar en tu relación con lo que yo llamo la pizarra blanca.

Piensa en tu relación con Dios, con el Espíritu (cualquiera que sea la palabra en tu caso) y pronuncia estas cuatro frases a tu conexión con tu Espíritu: *lo siento; por favor, perdóname; gracias* y *te quiero*. El doctor Hew Len dice: «Pronúncialas en el orden que quieras. No importa en absoluto».

¿Por qué estás diciendo estas frases concretas? Aquí tenemos cómo lo explico. Por supuesto, llevo años haciendo esto. El doctor Hew Len y yo hemos impartido varios seminarios juntos, y él ha estado en mi casa, y hemos escrito juntos el libro *Cero límites: las enseñanzas del antiguo méto-*

do hawaiano del ho'oponopono. He llegado a estar bastante dentro de la mente del doctor Hew Len.

Practico el *ho'oponopono* pronunciando las siguientes palabras: «Por favor, perdóname, porque no he sido consciente. Por favor, perdóname porque desconocía cuál era la programación inconsciente en mi interior. Siento haber estado dormido. Siento no haber sido consciente. Siento no haber sido consciente de la programación con independencia de dónde procediese. Por favor, perdóname por no ser consciente. Siento no haber sido consciente».

Luego paso al *gracias*, porque una afirmación de gratitud, como ya he dicho, es una de las formas más poderosas de avanzar hacia el paradigma de la abundancia de este momento. Diciendo *gracias*, empiezas a moverte en la dirección de la gratitud. Mientras dices *gracias*, empiezas a sentirte distinto en tu interior. Este nuevo sentimiento va a implicar la ley de la atracción de forma muy positiva. Empezarás a atraer más de lo que quieres en tu vida. Lo más importante es que le estás diciendo *gracias* a la Divinidad. Estás diciéndole *gracias* a la pizarra blanca, a Dios, por gestionar este asunto por ti, por gestionar y borrar este problema.

Me gusta acabar con *te quiero* porque creo que la esencia de Dios, del Espíritu, de la pizarra blanca es el amor. Tan pronto como digo *te quiero*, empiezo a desplazarme en la dirección de ser uno con Dios, con la pizarra blanca. Cuanto más puedas sentir amor, más cerca estarás de disponer del paradigma de la abundancia como forma permanente de estar en tu vida.

Lo siento; por favor, perdóname; gracias; te quiero: ésas son las cuatro frases que el doctor Hew Len ha estado diciendo. Comenta que las dice todo el tiempo.

—En este preciso instante –le pregunté–, mientras estoy hablando contigo, ¿las estás diciendo?

—Sí, he visto que mientras hablo con la gente, mientras estoy ahora hablando incluso contigo, en la parte más profunda de mi mente ese nuevo monólogo interior está desarrollándose. Estoy diciendo *Lo siento; por favor, perdóname; gracias; te quiero* en silencio en mi mente a modo de técnica sanadora.

Mientras escribo este libro, estoy sanando cualquier cosa entre tú y yo, estando en este momento y experimentando el paradigma de la abundancia que hay en este preciso instante. Estoy limpiando y purificando, de modo que pueda estar aquí ahora, de forma que no haya negatividad en mí mientras escribo este libro para ti. Estoy haciendo esto porque eres un espejo de mí. Cuanto más limpio y más purificado pueda estar yo en mi interior, más claro y más purificado podrás estar tú en tu realidad cotidiana.

Ésa es la técnica básica del *ho'oponopono*. Una vez más, consiste simplemente en esas cuatro frases: *Lo siento; por favor, perdóname; gracias* y *te quiero*.

A algunas personas no les gusta decir *lo siento* o *por favor, perdóname*. No se sienten cómodas con estas afirmaciones. Recuerdo a la primera persona que me dijo eso. Me sorprendió y me pregunté por qué no podía decir *lo siento* o *por favor, perdóname*.

Entonces se me ocurrió: desde el punto de vista del ego, nunca queremos saber que nos hemos equivocado. Siempre deseamos creer que estamos en lo cierto. En la primera fase del despertar (la etapa de la victimización), crees que son siempre los demás los que han hecho las cosas mal, y nunca tú. Para despertar, para desplazarte hacia el paradigma de la abundancia, vas a tener que asumir el cien por cien de responsabilidad por tu vida.

Si tienes problemas por decir *lo siento* o *por favor, perdóname*, tienes un par de opciones. Puedes omitir esas dos frases. En realidad, no tienes por qué pronunciarlas. De hecho, muchas veces, todo lo que tienes que decir es *te quiero*. Si simplemente vas de un lugar a otro diciendo *te quiero* en tu mente, modificarás tu energía y tu campo de energía e interactuarás con todos de forma del todo distinta.

Imagínate si ocho mil millones de personas en este planeta fueran de un lugar a otro diciendo *te quiero* en su mente. Toda su vida sería diferente. Este planeta sería distinto.

Si sólo quieres decir dos frases básicas, di *te quiero* y *gracias*. Puedes saltarte estas dos: *por favor, perdóname* y *lo siento*. Sin embargo, mi consejo más serio es que uses las cuatro frases sobre tu resistencia a decir *lo siento*.

En otras palabras, con independencia de lo que se presente en tu mundo, tanto si es otra persona con la que no te llevas bien, una situación con la que no te sientas cómodo, algún tipo de problema duradero, o incluso la resistencia a decir estas cuatro frases, emplea las cuatro frases sobre esas cosas.

Éste es el método básico del *ho'oponopono*. Pruébalo ahora. Relájate y permite que venga a tu mente algo que quieras limpiar. Si no tienes nada, sigue pronunciando las frases y confía en que estás limpiando y purificando la programación inconsciente de la cual ni siquiera eres conocedor.

Lo siento. Por favor, perdóname. Gracias. Te quiero. Dilas durante tanto tiempo como consideres que es adecuado para ti.

Quiero continuar describiendo una técnica limpiadora avanzada del *ho'oponopono*. Ésta no aparece en ninguno de mis otros libros. No he escrito acerca de ella, y tampoco lo ha hecho el doctor Hew Len. Es algo que me enseñó en privado y en persona el doctor Dr. Hew Len. Ha sido una especie de chamán o gurú en mi vida. Es una persona que vive en el paradigma de la abundancia.

En una ocasión, el doctor Hew Len vino a Austin (Texas), donde yo vivía en aquella época. Lo recogí en el aeropuerto. Por alguna razón, el equipaje salió muy tarde: con un retraso de treinta o cuarenta minutos. El doctor Hew Len y yo estábamos ahí de pie, en la terminal, esperando a que salieran las maletas.

Siempre empleo cada momento que paso con el doctor Hew Len para bombardearle a preguntas y averiguar qué va a hacer a continuación y qué hay en su corazón. Le estaba hablando de un problema concreto que me estaba preocupando. Era un problema que ya llevaba tiempo en mi vida, y estaba haciendo todo lo posible para eliminarlo. Estaba llevando a cabo la limpieza y purificación básica del *ho'oponopono*; estaba haciéndolo sin cesar e intensamente, pero sentía como si no estuviera sucediendo nada. Sentía que la situación no se estaba desplegando, que no se estaba despejando, que no estaba cambiando.

Le estaba explicando todo esto al doctor Hew Len. Me dijo: «Aquí tienes algo que debes recordar: mientras estás limpiando y purificando, estás eliminando la programación capa por capa de un modo del que ni siquiera eres consciente.

Toda la programación que está dándose en tu mente inconsciente es tan profunda y supone un conjunto tan enorme de creencias que es una mentalidad, un paradigma en sí mismo que está muy bien trabado. Tienes tanta limpieza y purificación que realizar que puede que te lleve un tiempo ver que la situación se resuelve».

Le dije en broma al doctor Hew Len: «Soy lo bastante emprendedor como para querer saber cómo cambiar al instante. Quiero encontrar el botón fácil, que pueda simplemente presionar para transformar mi vida».

Se rio y afirmó: «Bueno, existe una forma avanzada de hacer limpieza».

Yo, por supuesto, casi salté a su cuello porque quería conocer esta forma avanzada del *ho'oponopono* en ese preciso momento y lugar. De hecho, quería saber por qué no la había aprendido antes. Quizás debería haberme dado cuenta de que ése era el momento en el que necesitaba conocerla: toda la limpieza anterior que había llevado a cabo (diciendo *Lo siento; por favor, perdóname; gracias; te quiero*) me había preparado para este momento, cuando pude oír la técnica avanzada que el doctor Hew Len quería enseñarme. Simplemente sucedió que tuvo lugar en la zona de recogida de las maletas de un aeropuerto.

Mientras estaba ahí de pie a su lado, me dijo:

—¿Tienes una tarjeta de visita?

Saqué una tarjeta de visita. El doctor Hew Len me dijo que podía usarla como herramienta de limpieza.

—Puedes, simplemente, pasarla por encima de cualquier cosa que te moleste. Puedes pasártela por el cuerpo para que te haga sentir mejor. Puedes anotar en ella el nombre de una persona, un lugar o una cosa que te estén molestando, y pasar o frotar tu tarjeta sobre ello, y la situación mejorará.

Ya conocía esa técnica y ya la había practicado, pero la avanzada todavía estaba por llegar. Saqué mi tarjeta de visita y se la mostré al doctor Hew Len.

Prosiguió diciendo:

—Imagínate la energía tras el problema del que te estás quejando. Toma tu tarjeta de visita y, en tu mente, sostén su borde y piensa que es como un cuchillo o unas tijeras. Vas a rebanar la energía de esa visualización.

Elevé mi tarjeta de visita e hice ver que ese campo de energía estaba justo delante de mí, como una forma de pensamiento en el aire. Luego fingí que lo estaba cortando. Mientras lo hacía me pareció que desaparecía.

Recuerda que no había nadie más delante de mí. El problema no estaba delante de mí. Mi percepción del problema estaba delante de mí y era muy real porque podía sentirlo. Como lo estaba sintiendo, lo corté con mi tarjeta de visita. Mientras lo cortaba con mi tarjeta de visita, rebanándolo de izquierda a derecha y de arriba abajo, se disolvió en forma de energía, de materia, de polvo, y se desvaneció. Sentí que abandonaba mi cuerpo. Sentí que la situación estaba resuelta, y sabía, a algún nivel, que, de hecho, eso había sucedido.

Entonces, por supuesto, en ese momento llegó el equipaje, porque la sincronicidad estaba trabajando: todo lo que necesitábamos decirnos el uno al otro se había dicho. Pudimos continuar con nuestra jornada, por lo que tomamos el equipaje y nos fuimos.

Me guardé esta técnica avanzada. No la compartí con otras personas porque pensé que quizás no estarían preparadas para ella ni para comprenderla. Además, sabía que el método básico del *ho'oponopono* era bastante poderoso por sí mismo. Mientras la gente le dijera *Lo siento; por favor, perdóname; gracias; te quiero* en su mente a la Divinidad, estaría evolucionando, creciendo, transformándose y acercándose más al paradigma de la abundancia.

Pasaron algunos meses y pensé: «Voy a enseñarle esto a otras personas». En un seminario, me encontraba de pie en el escenario y empecé a guiar a la gente por esta técnica avanzada. Para mi sorpresa, la observe y la gente empezó a llorar. Estaba experimentando logros mientras estaba llevando a cabo esta sencilla visualización.

Supongo que se trata de algo más que una visualización, porque estamos accediendo a la energía del sistema de sanación hawaiano. El doctor Hew Len es una especie de chamán de esa tradición de los misterios. Lo que me estaba transmitiendo, y yo te estoy transmitiendo a ti, es más que una visualización o una experiencia de imaginería mental. De hecho, despejaba la energía que causa el problema. Con este método de sanación, puedes librarte de algunos de los problemas más obstinados en tu vida.

Permíteme guiarte por este método. Puedes practicarlo en cualquier situación o postura, pero quiero que estés atento. No tienes por qué cerrar los ojos, a no ser que lo desees.

Inspira hondo, aguanta la respiración un segundo y espira. Relájate, déjate ir y piensa en una persona, situación o problema que haya salido a la superficie en tu vida. Si hay varios, escoge sólo uno. Otra posibilidad consiste en ver si todos tienen algo en común. Quizás puedas trabajar en todos ellos porque todos pertenecen a una misma categoría.

Por el bien de este método avanzado del *ho'oponopono*, permite que cualquier cosa que acuda a tu mente se ofrezca a ser borrada. Podría tratarse de algo que haya tenido una larga duración. Ahora ha llegado el momento de que sea sanado.

A medida que este problema llegue a tu conciencia, sé consciente de que es tu percepción la que considera que es un problema. En otras palabras, has etiquetado esto como un problema, mientras que puede que otras personas que se fijen en él no lo consideren como tal. Para ellos puede que simplemente se trate de una serie de hechos, de un relato sin energía de ningún tipo. El doctor Hew Len ha afirmado con frecuencia: «¿Te has dado cuenta alguna vez de que cuando hay un problema tú estás ahí?». Lo que quiere decir es que eres tú el que lo crea, lo atrae y lo experimenta.

Mientras sientas esta verdad, date cuenta de que has llevado esta situación a tu conciencia para recibir una lección. Puedes concederte un instante para ver cuál es esa lección. Una vez que obtengas la lección, ya no necesitarás la experiencia. Si tuvieras que adivinar cuál es la lección asociada a este problema concreto, ¿qué dirías? El doctor Hew Len me ha invitado en bastantes ocasiones a confiar en mi intuición, diciendo que no hay nada correcto o incorrecto, pero si simplemente imaginas cuál podría ser la respuesta, ¿qué surge?

Tienes esta bola de energía delante de ti. Tienes tu percepción de ella. Puede que incluso la estés sintiendo en tu cuerpo, y puede que te esté haciendo sentir furioso o molesto. No importa: lo que estés sintiendo está bien. En el fondo de tu mente, es posible que incluso se esté produciendo el nuevo monólogo interior: *Lo siento; por favor, perdóname; gracias* y *te quiero.* Estás sintiendo este problema, pero te estás dirigiendo a Dios o a lo Divino, o a la pizarra blanca, y estás solicitando que sea borrado. *Lo siento; por favor, perdóname; gracias; te quiero. Lo siento; por favor, perdóname; gracias; te quiero.*

Ahora, mientras esa energía está ahí y la estás sintiendo, obteniendo la lección de ella y pronunciando estas cuatro frases de la técnica básica de limpieza, imagínate que tomas una tarjeta de visita (la tuya, la mía o la de otra persona). Es un trozo pequeño y rectangular de cartulina, y sus bordes pueden ser bastante afilados. Eleva esa tarjeta de visita en tu imaginación y hazla descender sobre la bola de energía que representa ese problema que tienes delante de ti, cortándola por la mitad. Luego puedes elevar la mano de nuevo y hacerla descender para volver a cortarla. Querrás hacer esto varias veces mientras desintegras esa energía. Tómate un instante para implicarte de verdad en desintegrar la energía, cortándola con la tarjeta de visita. Mientras lo haces, estás pronunciando *Lo siento; por favor, perdóname; gracias; te quiero.* Haz eso durante un momento o dos.

Ahora respira hondo y permite que el campo de energía en el que te encuentras y que está delante de ti se limpie. Permite que el polvo se asiente. Permite que las partículas caigan como polvo de estrellas. La bola de energía que estaba delante de ti se ha desvanecido. El campo del problema ha desaparecido. La percepción de ello como un problema en tu vida se ha desintegrado. Lo que queda es una sensación de paz, bienestar, felicidad y amor. Este lugar, en el que no hay problemas, es el paradigma de la abundancia. Este lugar de claridad es el paradigma de la abundancia. Este lugar de sanación, de transformación, de reposo y de recuperación es el paradigma de la abundancia.

Ahora estírate, toma nota de tus descubrimientos, sonríe, relájate y disfruta del milagro de este momento.

Puedes emplear esta técnica sencilla pero avanzada del *ho'oponopono* para cualquier cosa que pueda aparecerse en tu vida. Cuando el doctor Hew Len estaba trabajando con esos criminales con trastornos psiquiátricos en el hospital de Hawái, dijo esas frases porque sentía que todos los problemas en él surgían cuando estaba mirando las fichas de esos pacientes.

Simplemente decía *Te quiero; lo siento; por favor, perdóname* y *gracias*.

En cualquier caso, sólo he proporcionado una técnica avanzada que gestiona los temas más problemáticos. Se trata de otra herramienta que puedes guardar en tu saco de trucos.

Mientras te dedicas a tu jornada, quieres estar centrado en el momento, y puedes hacer eso observando tu respiración o tocando un objeto físico en tu entorno y recordándote que estás aquí.

Otro método consiste en observar tus pensamientos, siendo consciente de que tú no eres tus pensamientos; observar tus sentimientos, dándote cuenta de que tú no eres tus sentimientos; y sentir tu cuerpo interior, siendo consciente de que tú no eres tu cuerpo. Tú estás detrás de todas esas cosas. Tú eres, en esencia, la pizarra blanca.

Estas técnicas te ayudan a entender que la pizarra blanca no sólo está limpia y purificada y representa el amor, sino que es Dios, o el Espíritu, o lo Divino, y que eres tú. Desde ese lugar puedes vivir como la Divinidad, que es la cuarta fase del despertar, en la que el paradigma de la abundancia es ahora tu nueva forma de ser.

Llegado a este punto, puede que te estés preguntando qué tienen que ver estos ejercicios con las leyes de la atracción y de la creación. Tienen todo que ver con ambas.

En primer lugar, estamos atrayendo todo a nuestra vida debido a nuestras creencias inconscientes. Obviamente, necesitamos llevar a cabo trabajo de limpieza y purificación para cambiar nuestra mente inconsciente, de modo que obtengamos más de los resultados que deseamos. Eso es desde el punto de vista de la ley de la atracción. Debería ser bastante claro.

¿Qué hay desde el punto de vista de la ley de la creación? Todo lo que está sucediendo en tu vida en este preciso momento no sólo lo has atraído, sino que lo has creado: lo has cocreado a un nivel inconsciente.

Cuando oigas esto por primera vez, puede que pienses: «No he creado este problema concreto. No he creado a esta persona concreta». Sin embargo, en nuestro entendimiento más profundo sobre cómo funciona el universo, tú eres responsable al cien por cien de todo lo que hay en tu vida. En cierto sentido, como ya he sugerido, eres responsable al doscientos por cien: tú estás creando tu experiencia vital a partir de la ley de la creación, pero también estás creando tu percepción de las experiencias vitales del resto de la gente, una vez más desde la ley de la creación.

La ley de la creación tiene mucho que ver con la acción. Las acciones que emprendes empiezan a funcionar. Son un mecanismo que, mediante la ley de la atracción, trae a tu vida todo lo que estás consiguiendo. En otras palabras, estas dos leyes trabajan codo con codo. Para experimentar el paradigma de la abundancia vas a tener que trabajar con ambas.

Lo estoy haciendo fácil. Estoy haciendo que prácticamente sea algo que no requiera tener que pensar ni tampoco esfuerzo. Todo lo que tienes que hacer es leer este libro y seguir las indicaciones, y la transformación se producirá en ti. La ley de la atracción y la ley de la creación son los dos aspectos fundamentales en el centro de todo este programa. Te conducirán a lo que deseas: el cambio de mentalidad hacia el paradigma de la abundancia.

4

Más allá de la queja

En este capítulo voy a proporcionar la técnica de limpieza y purificación más poderosa con la que me he encontrado en mi vida. Se trata de una técnica que he usado, pulido y mejorado personalmente. Se basa en un ritual de dos mil años de antigüedad que procede del antiguo Tíbet con el que he experimentado y que he actualizado para la época actual. A continuación, mostraré el método Vitale de limpieza.

Este método concreto te ayudará con las leyes de la atracción y de la creación, porque aclarará la forma en la que estás atrayendo a la gente con la que no te llevas bien. Te permitirá mejorar la forma en la que has estado usando la ley de la creación para cocrear a personas con las que tienes problemas. En otras palabras, cuanto más aclares tu mente en tus relaciones con otras personas, y más importante, con tu relación contigo mismo, e incluso más importante todavía, en tu relación con lo Divino, más cerca te encontrarás de vivir el paradigma de la abundancia. Si intentas vivir el paradigma de la abundancia, pero tienes un problema con otra persona, no vas a ser feliz, estar relajado o sentirte pleno. Es probable que atraigas más problemas con más personas, porque no has resuelto el problema clave. Vas a generar más bloqueos en tu camino hacia el éxito.

Soluciona el problema que tienes con otra persona, contigo mismo y con lo Divino, y luego serás libre para vivir el paradigma de la abundancia. Puedes hacerlo fácilmente y sin esfuerzo.

Éste es un ejercicio muy poderoso. Alcanza una gran profundidad. Te ayuda a liberar cualquier problema esencial con otra persona.

Asegúrate de estar en casa solo y seguro; con el teléfono, el ordenador y el fax apagados, y que la puerta esté cerrada. Cerciórate de que no te interrumpirán durante los próximos veinte minutos, más o menos.

Empieza trayendo a tu mente a alguien con quien estés teniendo un problema (formo parte de la junta directiva de A Complaint Free World, la organización que fundó Will Bowen después de escribir su libro *A complaint free world*. Señalaba que todas nuestras quejas en la vida tienen que ver con otras personas). Permite que alguien sobre el que te has estado quejando salga a la superficie en tu conciencia.

Alguien a quien quieras limpiar, purificar y con el que estar en paz. Toma lo que sea que acuda a tu conciencia, quienquiera que sea. Podría tratarse de un miembro de tu familia, un socio, alguien con quien tienes una relación o una persona del pasado.

Ahora que dispones, frente a ti, de una imagen mental de esta persona, no luches contra ella, no discutas, no te sientas repugnado por ella. Puedes permitir que lo que sea que sientas esté ahí, pero querrás proceder, lo mejor posible, desde un lugar de curiosidad.

Pregúntate qué es lo que quiere esa persona. Ahora haz ver que la imagen que tienes delante de ti es, de hecho, la persona de la que te estás ocupando. Hazlo lo mejor que puedas para visualizar a esta persona que está frente a ti como un ser humano real, vivo, en tu campo de energía en este preciso momento. Puedes hablarle y preguntarle: «¿Qué quieres?».

Permite que tu conciencia de las respuestas alcance una gran profundidad. Aunque puede que la imagen diga algo superficial, ¿qué crees que quiere realmente la imagen en lo más profundo de su alma? ¿Qué desea de la vida de sí misma, de ti? Concédete un instante para escuchar qué es lo que quiere. Estás, de hecho, conversando con esta imagen. Es una representación real de la persona con la que estás teniendo un problema.

Presta atención a la imagen durante uno o dos momentos más.

Mantén un diálogo en el que preguntes repetidamente: «¿Qué quieres?». Observa si la respuesta cambia. Con mucha frecuencia, a un nivel profundo, lo que una persona quiere es amor. Mira si la imagen que tienes delante de ti dice eso.

Ahora quiero que hagas algo que al principio parecerá un poco extraño. Has dado la bienvenida a la imagen de esta persona. Te has fijado en ella con curiosidad y te has preguntado qué es lo que quiere. Luego le has preguntado: «¿Qué quieres de mí?». Has obtenido algún tipo de respuesta, lo que tal vez aporte cierta luz sobre el comportamiento de esta persona. Puede que comprendas que la otra persona quiere, en realidad, amor, reconocimiento, la sensación de ser aceptada. Una vez más, no estás centrado en ti, sino en la imagen de esta persona.

La siguiente cosa que quiero que hagas es alimentar a esta imagen desde tu propio cuerpo. Imaginarás que estás tomando tu cuerpo, la carne de tu cuerpo, y que se la estás dando a esta imagen, que la estás alimentando, que le estás proporcionando tu propia esencia. Obviamente, esto no está sucediendo en realidad, y no le estás haciendo nada a tu cuerpo ni al de ninguna otra persona. En esta visualización de limpieza, te estás imaginando dando tu esencia, tu cuerpo, tu alma, tu energía a esta imagen, a esta persona.

Simplemente imagínate accediendo a tu propio cuerpo, sacando tu propia carne, dándosela a esta imagen y viendo a la imagen comer. Estás alimentando a esta imagen. Estás ayudando a darle lo que de verdad quiere. Esto puede parecer raro, pero confía en el proceso. No estás haciendo nada para dañarte a ti ni a ninguna otra persona. Tan sólo estás visualizando que estás alimentando a quien antes creías que era el enemigo.

Tómate unos instantes para alimentar a esta imagen en tu mente. Una vez más, le estás dando de comer tu cuerpo. Estás sacando y sirviendo tu carne, tu alma, tu energía corporal, y se la estás ofreciendo a la imagen que tienes delante de ti.

Permite que este proceso discurra durante algunos minutos. Luego acaba de alimentar a la imagen que tienes delante de ti. Si parece querer más de tu persona, sigue adelante y aliméntala más (también puedes llevar a cabo este ejercicio de nuevo, o puedes seguir llevándolo a cabo en tu mente incluso aunque esta sesión finalice).

Mientras estás acabando de alimentar a esta imagen, sé consciente de que ahora está satisfecha. La has aceptado, te has fijado en ella con curiosidad, sin estar unido a ella. La has alimentado con tu propio cuerpo. La has querido, la has escuchado. Se siente escuchada, se siente querida, se siente satisfecha. En tu mente puedes ver cómo esta imagen sonríe, se siente satisfecha y empieza a desaparecer. Está abandonando tu cuerpo y tu mente. Está abandonando tu campo de energía. Te está abandonando completamente. Eres libre.

Puedes usar este método de limpieza siempre que tengas un problema con otra persona. Simplemente pensarás en esa persona y pasarás por el proceso. Hay, sobre todo, cuatro pasos:

1. Visualiza a la persona que está frente a ti, y hazlo con amor y curiosidad.
2. Pregúntale a la imagen qué es lo que quiere.
3. En este, que es el segmento más largo, aliméntala con tu propio cuerpo, nútrela, date tú mismo.
4. Por último, mira cómo la imagen se va para abandonar tu conciencia por completo.

Siempre que lleves a cabo este ejercicio, acabarás en un lugar de paz, lo que te ayudará a crear y atraer las maravillosas experiencias que deseas. También liberará toda la energía atascada que ha estado ahí en el pasado. Liberará todos los problemas que te han preocupado, pero de los que has sido incapaz de desprenderte.

Esta poderosa técnica se ha mejorado para que funcione en el mundo actual, pero se basa en las tradiciones de antiguas escuelas de los misterios. Pese a que se ocupa de la visualización de otra persona, en realidad estás tratando con la energía de tu percepción de esa persona. Cuando purifiques esa energía, la otra persona por lo general se autocorregirá o incluso abandonará la órbita de tu vida. Sea como fuere, eres libre. Ése es el poder de este método de limpieza concreto.

Limpiarte a ti mismo y cualquier negatividad en tu cuerpo, mente e inconsciente es muy relevante para el paradigma de la abundancia, porque necesitamos limpiar las creencias perturbadoras que están ocultas para nuestra conciencia. Estás intentando usar la ley de la atracción (quizás ya la estés usando y teniendo algún éxito), estás creando tu realidad empleando la ley de la creación, y estás empezando a emprender más acciones. Para optimizar tu éxito, acelerar todos tus resultados y, de hecho, vivir el paradigma de la abundancia, debes eliminar toda la negatividad que hay en ti.

Puede que esto acabe siendo un proceso que dure toda la vida, porque somos humanos que estamos despertando. La espiritualidad que se encuentra en nuestro interior está oculta, de algún modo, por la naturaleza humana con la que llegamos al mundo. Tenemos algo de trabajo que hacer, pero podemos acelerar el proceso usando estas tecnologías, que llevan ahí desde hace siglos.

Ahora te proporcionaré un cántico que está diseñado para limpiarte y protegerte. Te protege de cualquier interferencia mientras te deshaces de tu programación inconsciente. También tenemos la programación que todavía está intentando fijarse a ti. ¿Qué hacer al respecto? ¿Cómo alzar tu campo de fuerza? ¿Cómo protegerte?

Voy a proporcionarte un antiguo mantra indio. Procede del sánscrito y está diseñado para limpiarte de negatividad y fortalecer tu sistema de energía. Funciona a dos niveles. Va a ayudarte con la ley de la atracción y, por supuesto, con la ley de la creación. Trabaja sobre tu mente inconsciente para eliminar la negatividad que está apartándote de la dicha de este momento. También te protege de cualquier negatividad que pueda proceder del mundo, de los medios, de otras personas, que esté intentando entrar en tu mente en este preciso momento. Todo lo que tienes que hacer es escuchar este cántico sánscrito (puedes encontrar grabaciones en las que se muestra su pronunciación en YouTube y en otros lugares en Internet). El mantra es el siguiente:

Om Hanumatenamaha

Puedes relajarte y escuchar este mantra mientras conduces, al acostarte por la noche, o mientras estás viendo la televisión (por supuesto, no veas las noticias convencionales). Puedes escucharlo mientras haces ejercicio, o puedes ponerlo de fondo mientras trabajas frente a tu ordenador. De hecho, probablemente te recomendaría que lo pongas y lo reproduzcas durante todo el día de fondo en tu vida.

Si te apetece practicar el cántico en algún momento, entonces cántalo. También te lo puedes cantar a ti mismo en cualquier circunstancia en la que te encuentres.

Una vez más, este mantra te va a ayudar a que intervengan la ley de la creación, la ley de la atracción y la ley de la protección. Te va a ayudar a limpiarte y protegerte, y te permitirá dirigirte hacia el paradigma de la abundancia.

5

Preguntas difíciles

En este capítulo responderé a preguntas que me han hecho mis alumnos de mi programa de *coaching* en milagros (Miracles Coaching Program). Han estado aprendiendo sobre la ley de la atracción y la ley de la creación, y están intentando aplicar el paradigma de la abundancia en su vida. Estas preguntas proceden de ellos, y no de mí, por lo que son muy sinceras, muy francas, muy humanas. Proceden directamente de su experiencia conmovedora y terrenal de la realidad en este mismo instante. Algunas de estas preguntas son directas, otras son duras y otras dolorosas; pero las contestaré, porque sé que la mayoría de ellas también están en tu mente. Esto te ayudará a reforzar y comprender mejor todo de lo que hemos hablado y los procesos por los que has pasado hasta el momento.

¿Cómo puedes distinguir entre la inspiración y tus propios pensamientos y deseos arraigados?
Tenemos dos opciones en la vida: podemos proceder de la inspiración o de la programación. La mayoría de nosotros procedemos de la programación, lo que significa que

estamos impulsados por nuestro sistema inconsciente de creencias, por nuestro viejo paradigma. Estamos impulsados por las convicciones que adquirimos mientras estábamos creciendo. Esto hace que sea muy difícil que la inspiración proceda de lo Divino.

Cuando le formulé esta pregunta al doctor Hew Len, me dijo: «Puedes distinguirlas a primera vista». Al principio, cuando estás aprendiendo estos procesos y también sobre la ley de la creación y la ley de la atracción, en realidad no conoces la diferencia. Has estado escuchando a tu mente inconsciente, que te ha estado proporcionando todos estos pensamientos, deseos, sueños y creencias durante tanto tiempo que cuando parece que surge la inspiración, no siempre puedes distinguirlas.

He aprendido a diferenciarlas, y creo que puedo explicar cómo hacerlo. La mayor diferencia tiene que ver con cómo sientes los distintos pensamientos. En el caso de la inspiración suele haber un poco de brillo. Tu sentimiento se eleva, tu felicidad aumenta, tu emoción crece, tu entusiasmo se intensifica. Ese tipo de energía no suele proceder de tus pensamientos y deseos arraigados.

Al principio, cuando prestas atención a tus pensamientos, deseos e inspiraciones, quizás no limpies procesos. Te he estado enseñando, y llegará un momento en el que podrás decir: «Eso ha sido inspiración» o «Eso ha sido mi mente inconsciente soñando despierta».

¿Cómo distingues entre la inspiración y los pensamientos y deseos arraigados? Una vez más, retrocede en este libro, sigue llevando a cabo los procesos de limpieza, vuélvete cada vez más consciente y despierto con respecto a tus propios pensamientos y te acercarás más a escuchar la inspiración. Cuando lo hagas, lo notarás. Te hará sentir emocionado y querrás saltar y emprender acciones para implementar las leyes de la atracción y de la creación.

¿Cómo le afecta a la ley de la atracción emprender acciones inspiradas?

Como ya he señalado, la palabra *acción* forma parte del término *atracción*. Cuando emprendes una acción inspirada, aceleras el proceso de poner de manifiesto lo que desees. Cuando te pones en acción, implicas a la ley de la creación y la combinas con la ley de la atracción para hacer aparecer en tu vida lo que prefieres tener. Cuando avanzas hacia el paradigma de la abundancia, todo esto se vuelve automático y se convierte en tu nueva forma de ser.

Cuando empezaste a leer este libro, tenías una mentalidad, que era inconsciente: no pensabas realmente en las creencias. Con el paradigma de la abundancia, pasas a una forma por completo distinta de pensar acerca del mundo. Desde ese lugar, las leyes de la atracción y de la creación trabajan codo con codo. Son muy fáciles y no requieren esfuerzo, porque las usas de la misma forma en la que respiras.

¿Cómo emprender una acción inspirada afecta a la ley de la atracción?: La acelera. Ésa es la conclusión. Si quieres unos resultados más rápidos, pasa a la acción.

Por supuesto, cualquiera podría pasar a la acción, por lo que debería aclarar lo que quiero decir con acción inspirada. La acción inspirada es cuando una idea parece proceder de una parte superior o más profunda de ti. Hay algo que te da un codazo y que te dice: «Haz esto», «Compra esto», «Obtén esto», o «Reacciona ante esto». Cuando obtienes ese codazo desde tu interior, se trata de más que una acción: es una acción inspirada.

Cuando te encuentras en el paradigma de la abundancia, prácticamente todo lo que haces va a proceder de la acción inspirada. En realidad, ya no piensas más en ello (de hecho, no estás preocupado por ello), pero emprendes una acción inspirada que, por supuesto, acelera la ley de la atracción.

¿Necesito limpiarme y purificarme por completo para recibir inspiración, en especial de forma regular?

No, para nada. No precisas estar completamente limpio y purificado para recibir inspiración. La inspiración está llamando a tu puerta en este preciso momento. Está intentando enviarte un mensaje. El universo, lo Divino, la pizarra blanca siempre está intentando enviarte una señal, y se trata de una vía de doble sentido. Puedes enviarle señales de vuelta en forma de solicitudes u oraciones, pero también puedes hacerlo en forma de limpieza para despejar el canal de comunicación, de modo que el universo pueda oír tu petición y tú puedas escuchar la inspiración procedente de lo Divino.

¿Necesitas estar del todo limpio y purificado? No. No tengo claro que conozca a alguien totalmente limpio y purificado. Ni siquiera el doctor Hew Len lo está por completo. Ha practicado todo esto durante veinticinco años. Él está mucho más avanzado; se encuentra en un lugar con mucha más abundancia; tal vez esté viviendo a partir del paradigma de la abundancia, pero te dirá, de manera abierta, que sigue limpiando y purificando en la actualidad.

En una ocasión estaba en un programa de radio al que alguien llamó y dijo: «Si tengo que limpiar y purificar siempre, va a parecerme deprimente no poder parar nunca».

Pensé en ello y afirmé: «La sensación de que sea deprimente es lo que quieres limpiar y purificar. Debes sanar la sensación de que es una carga para ti dedicar tiempo a pasar por estos procesos, porque para mí, cuanto más limpio estás, más feliz te vuelves; cuanto más exuberante llegas a ser, más rico y más sano te vuelves. ¿Por qué no hacerlo cuando la recompensa es tan increíble?».

Puede que algunos también se quejen de que es difícil usar estas técnicas de limpieza y purificación; pero hay una que es tan fácil que todo lo que haces es decir *Lo siento, Por favor, perdóname. Gracias. Te quiero.*

En otra, todo lo que tienes que hacer es sentarte y escuchar un cántico sánscrito mientras te limpia y protege. Por lo tanto, ¿cuán difícil es continuar con la limpieza y la purificación?

¿Tienes que estar completamente limpio y purificado para recibir inspiración? No. Tan sólo debes estar abierto a recibirla. Sólo tienes que dedicar tiempo a imaginar la inspiración que está intentando ponerse de manifiesto. Cuando se evidencie, aporta la ley de la atracción y la ley de la creación y emprende acciones para hacer que suceda.

¿Qué debo hacer o pensar si sigo la inspiración o a lo que creía que era la inspiración en ese momento y las cosas acaban mal como resultado de ello?

Cuando veo una pregunta como ésta, pregunto de qué fase del despertar procedió. Fíjate en ella de nuevo. ¿Suena como si esta persona ha despertado? ¿Suena como si esa persona se hubiera rendido? ¿Suena como si esa persona estuviese empoderada, o suena como si esa persona fuese una víctima? Cuando oigo esta pregunta, oigo a una víctima. Ésta es una persona que está asustada del futuro, temerosa de confiar en lo Divino para que le proporcione cierta inspiración que vaya a suponer una diferencia. Esto es un indicio o una señal de que esta persona sigue pensando desde una mentalidad de víctima.

Una vez más, querrás pasar por las cuatro etapas del despertar y acabar viviendo el paradigma de la abundancia, que es de lo que trata este libro.

¿Qué debes hacer si sigues la inspiración y el resultado es malo? Cambiarla. Pensar que va a transformarse en algo bueno.

En mi programa *The secret to attracting money*, afirmé las siguientes palabras: «Toma cada experiencia y transfórmala en algo bueno».

La única razón por la que puedes decir que una experiencia es mala es que la hayas juzgado de esa forma. Si tuvieras una visión más amplia, si te fijaras en ella al cabo de uno o cinco años, podrías verla y decir: «Veo la razón positiva de ella. Puede que hubiera una experiencia de aprendizaje, una experiencia de crecimiento. Quizás dio lugar a un giro a la derecha o a un giro a la izquierda que, de hecho, se convirtió en un paradigma de la abundancia en sí mismo. ¿Quién sabe?».

Este proceso implica confianza. Debes seguir la inspiración, porque la inspiración sabe lo que es mejor para ti, y lo sabe mejor que tu ego. La inspiración procede de lo Divino, y tu ego te proporciona lo que ve con su percepción limitada. Despréndete del miedo y del ego, sigue la inspiración y confía en lo que suceda.

¿Cómo puedo obtener una inspiración más continua en mi vida cotidiana y en mi toma de decisiones?

Lo más fácil es meditar mucho: crear una abertura en tu vida para recibir inspiración. Muchos de nosotros somos como marionetas, con nuestras cuerdas movidas por nuestros teléfonos móviles, correos electrónicos, faxes, ordenadores, la televisión, la radio, otras personas, etc. Nos vemos arrastrados de un sitio a otro como robots cuyos botones se estén pulsando. Sin embargo, si puedes apartarte de ese ruido y estrés, obtendrás un hueco para recibir inspiración, que siempre está intentando llegar a ti.

Casi cada noche, cuando estoy en casa en Texas, me meto en el jacuzzi. Me relajo bajo las estrellas de Texas, miro al cielo y me dejo ir. Practico la gratitud, repaso todas las cosas por las que estoy agradecido y espero.

Con bastante frecuencia me llega la inspiración para un libro, una publicación en un *blog*, una nueva grabación, algo para los estudiantes de mi programa de *coaching* de milagros: cualquier serie de cosas que puedan aparecer. Podría tratarse de una nueva idea para un negocio, un producto o un servicio. Podría consistir en que haga una llamada telefónica. No puedo predecirlo, y no quiero. Predecirlo significa que estoy empleando al ego para adivinar qué me tiene reservado el futuro. Sin embargo, si me relajo y permito que llegue la inspiración, podría sorprenderme por algo mucho más jugoso y abundante de lo que podría haber imaginado mi ego.

¿Cómo puedes obtener una inspiración más constante en tu día a día y en tu toma de decisiones? Respira hondo, saca tiempo para relajarte, limpia tu mente lo mejor que puedas, regresa a la pizarra blanca y fíjate en lo que te ves inspirado a hacer.

¿Hay momentos significativos que puedas recordar en tu vida en los que reconociste y seguiste la inspiración? ¿Cuál fue el resultado?

Fui un sintecho durante mucho tiempo cuando me encontraba en Dallas, hace décadas. Cuando me fui a vivir a Houston, viví en la pobreza durante diez años. Hubo una buena cantidad de lucha y conflicto. La inspiración y la intuición siempre estaban llamando a mi puerta, pero yo no respondía, porque estaba asustado. Recuerdo que me decían cosas como que presentara una solicitud para un empleo concreto, pero yo pensaba: «Nunca me contratarán. Soy un sintecho»; o mi inspiración me decía que fuera a un lugar que estaba buscando empleados, pero mi mente me decía: «Vivo en la pobreza. Ni siquiera puedo permitirme el viaje en coche para ir allí», y me convencía a mí mismo para descartar esa oportunidad. Encontraba formas de no obedecer a mi inspiración. Cuanto más evitaba la ayuda que procedía de lo Divino, más permanecía en la mentalidad de la escasez. Ni siquiera soñé nunca en algo como el paradigma de la abundancia. Procedía de la mentalidad de una víctima.

Cuando empecé, lentamente, a prestar atención a la intuición y la inspiración, las cosas empezaron a volverse muy distintas. En cierto momento, estaba trabajando para una compañía petrolera en Houston. Al igual que todos los demás, siempre iba al centro comercial a almorzar; pero, un día, la inspiración me dijo: «Gira a la izquierda». No tenía ni idea de por qué, pero dije: «De acuerdo. Seguiré la inspiración esta vez», y giré a la izquierda. Caminé un par de manzanas y ahí había una charcutería italiana. Crecí a base de comida italiana en Ohio. La echaba de menos. No la conseguía en Texas: no como la que había consumido en mi hogar.

Esta charcutería estaba dirigida por un italiano de baja estatura con el que hice buenas migas de inmediato. Me preparó un bocadillo: estaba increíble. Me lo llevé a mi oficina y les hablé a todos sobre ello. Quedé tan impresionado que acabé por prepararles menús y ofrecérselos a modo de regalo. Difundí la noticia sobre el menú y su comida por la empresa petrolera, y el propietario de la charcutería y yo nos convertimos en amigos de por vida.

No acabó ahí. Pese a que estaba trabajando para esa compañía petrolífera, seguía batallando y era muy infeliz. Necesitaba un lugar en el que vivir, pero mi capacidad crediticia era mala. No disponía del dinero para pagar la entrada de una vivienda. Estaba contándole mis penas al propietario de la charcutería. Me dijo que su casa, que le habían construido para él, estaba en venta. Acabó financiándomela, como propietario, cuando lo necesité desesperadamente. Mi esposa en esa época y yo acabamos mudándonos a ella, y vivimos allí durante años. Ella vivió en esa casa hasta su muerte. Todo ello porque seguí la inspiración y giré a la izquierda un día, cuando todo en mi interior me decía: «Simplemente haz lo que has hecho siempre: ve al centro comercial y come algo». Aprende a seguir la inspiración y aprende a confiar en ella.

¿Hay alguna técnica concreta para ayudarte a mantener la calma frente a la ansiedad que rodea a las influencias externas negativas?

Obviamente, existen muchas técnicas distintas. ¿Cuáles son mis favoritas? La primera que me gusta usar es la técnica de la libertad emocional (TLE): la técnica de las palmaditas. Puedes aprender sobre ella viendo la película *The tapping solution* (antes llamada *Try it on everything*). Aparezco en ese filme enseñado la técnica. También puedes visitar estas páginas web: tryitoneverything.com y thetappingsolution.com

En primer lugar, sé consciente de que te sientes ansioso. En ese momento, empieza a darle palmaditas a la parte inferior de tu mano izquierda (se trata de la parte que emplearías para dar un golpe de karate).

Luego di algo con este propósito: *Pese a que me sienta ansioso en este preciso momento, me quiero, acepto y perdono profundamente.* Eso es todo lo que tienes que decir. Dilo y repite las palmaditas: *Pese a sentirme ansioso, me quiero, acepto y perdono profundamente. Pese a sentirme ansioso, me quiero, acepto y perdono profundamente. Pese a sentirme ansioso, me quiero, acepto y perdono profundamente.* Yo lo pronuncio tres veces.

Si voy a dar una charla o salir en la televisión, o si estoy haciendo una película o preparando algún otro evento en el que siento cómo mi ansiedad se dispara, una de las primeras cosas que hago es lo que acabo de enseñarte: me doy palmaditas en la parte inferior de la palma de mi mano y digo: *Pese a sentirme ansioso, me quiero, acepto y perdono profundamente.*

El inventor de la TLE fue Roger Callahan, que en un primer momento la llamó terapia del campo de pensamiento (TCP). Más delante evolucionó para convertirse en la TLE. Es una de las cosas favoritas que hago para reducir la ansiedad cuando todo parece girar para salirse de control. Si puedes ser el centro del ciclón, podrás hacerlo extremadamente bien, y podrás ser el pilar de fortaleza mientras todos los demás fracasan.

La segunda cosa que hago es respirar hondo y retocar algo concreto en mi entorno, recordándome que me encuentro en el momento.

En el momento todo es perfecto. En el momento se halla el paradigma de la abundancia. Respiro hondo y retoco. Todo está bien y ahora estoy centrado. Estoy de vuelta aquí.

También hago respiraciones largas y profundas. Inspiro, aguanto el aire un segundo y luego lo dejo salir poco a poco. Puede que hasta cuente hasta seis mientras lo estoy haciendo, lo que me obliga a ralentizar mi respiración, ya que la mayoría de la gente tiende a hiperventilar si empieza a sentir ansiedad. Introduce demasiado oxígeno en su organismo, que acaba llegando a la cabeza. Lo siguiente que sucede es que se siente un mareo.

La última técnica extra que proporcionaré a este respecto consiste en recordar el pensamiento ¿y si...? positivo del que he hablado en el capítulo 1. Cambia los pensamientos que te están perturbando, los pensamientos nerviosos, los pensamientos amedrentadores, los pensamientos que te están diciendo: «¿Qué pasa si todo esto falla? ¿Qué sucede si me desmayo cuando estoy a punto de hablar? ¿Qué ocurre si me siento ansioso y sufro un ataque al corazón?». Conviértelos en pensamientos ¿y si...? positivos: «¿Qué pasa si todo esto funciona? ¿Qué ocurre si todo está bien? ¿Qué acaece si estoy perfectamente sano? ¿Qué sucede si no hay ningún problema en absoluto? ¿Qué pasa si éste se convierte en el mejor momento del día? ¿Qué ocurre si ésta es la forma en la que voy a desplazarme hacia el paradigma de la abundancia y experimento la prosperidad en este momento? ¿Qué sucede si esto es fácil?».

Cuando lleves a cabo el proceso del ¿y si…? positivo, tu energía y tu entusiasmo aumentarán y te sentirás distinto, disiparás la ansiedad.

¿Cuál es la mejor forma de abordar a la gente con respecto a su negatividad y su crítica sin ofenderla?

Ésta es una pregunta interesante, porque existe cierto nivel de ego implicado cuando le dices a otra persona: «Mira, eres negativo y tienes fallos. Te estoy comentando esto a modo de regalo».

Si has estado leyendo este libro hasta esta página, sabes que toda la gente a la que ves en el exterior es un reflejo de ti mismo. Son un espejo de tu interior. Independientemente de lo que consideres negatividad o faltas en ellos, son (y siento decirlo) fallos en ti.

Todo esto tiene que ver con un cien por cien de responsabilidad. No tiene que ver con otras personas. Tiene que ver contigo. Experimentarás el paradigma de la abundancia con mucha más rapidez tan pronto como lo reconozcas todo en tu realidad particular.

Recuerda que empleaste la ley de la atracción para traer a estas personas a tu vida. Recuerda que, debido a la ley de la creación, las cocreaste en tu experiencia, que emprendiste alguna acción que ayudó a que entraran en la órbita de tu vida. Están ahí debido a ti. Puede que hicieras esto a un nivel inconsciente, pero están ahí a modo de regalo.

Tu ego está intentando juzgar a estas personas diciendo: «Tienen negatividad. Tienen fallos. ¿Cómo se lo digo con educación?». Tienes que darle la vuelta a eso y decirte a ti mismo: «Tú tienes negatividad. Tú tienes fallos». Ése es el gran salto cuántico del aprendizaje.

¿Cómo gestionas esto? Practicando los ejercicios que he proporcionado antes, empleando todos los métodos de limpieza y purificación que he estado enseñando a lo largo de este libro. Regresa a tus favoritos, a los que te han parecido más fáciles, a los que te han proporcionado más resultados, y repítelos una y otra vez. La limpieza y purificación que deben llevarse a cabo en el mundo no tienen que ver con nadie más: tienen que verlo todo con tu percepción de los demás. Si percibes que otra persona es negativa y que está llena de fallos, eso es lo que tú tienes, y necesitas limpiarlo. Eso no supone un problema, no es algo por lo que tengas que echarte la culpa, pero sí que tienes que responsabilizarte de ello y gestionarlo.

¿Cómo permaneces feliz y tranquilo con independencia de lo que hagan otras personas, en especial cuando se trata de tu cónyuge u otros miembros de tu familia, y son negativos, gruñones y criticones?

Esto es algo muy similar a la pregunta que acabo de contestar, pero permíteme proporcionar más consejos prácticos. Mírate al espejo y afirma: «Tienes que aceptar que todo lo que consideras fallos, negatividad e irritación en otras personas está en ti mismo». En lugar de intentar limpiar al resto de la gente, que sería como intentar afeitar a tu espejo por la mañana, lo que querrás es afeitarte a ti mismo.

¿Cómo permaneces feliz y tranquilo? Generas un sistema de apoyo. Te rodeas de libros relacionados con el éxito y los lees sin cesar. Escuchas audios sobre el éxito una y otra vez.

También querrás crear un grupo de apoyo, lo que implica una alianza de la Mente Maestra. Escribí un libro con Bill Hibbler titulado *Meet and grow rich*. Consiste en cómo crear, formar y gestionar tu propio grupo de la Mente Maestra. Un grupo de la Mente Maestra consiste en un grupo de cinco o seis personas (por lo general, ni más ni menos, aunque esto puede variar) que están ahí para respaldarse las unas a las otras para la consecución de sus sueños. Se trata de un grupo de apoyo. Si creas un grupo de apoyo, ahora dispondrás de una nueva familia que te respaldará.

La gente que se inscribe en mi programa de *coaching* de milagros obtiene un *coach* en milagros. Eso forma parte de su sistema de respaldo. Tú querrás hacer lo mismo en tu propia vida. Obtendrás mejores resultados cuando dispongas de un sistema de apoyo o de un *coach*.

Permanece feliz y tranquilo con independencia de lo que el resto de la gente esté haciendo, porque ésa es la esencia de vivir el paradigma de la abundancia. Sin embargo, si necesitas ayuda, crea tu propio sistema de apoyo con material de lectura, material para escuchar y otras personas.

¿En qué momento corto las relaciones con amigos y conocidos para evitar la negatividad?

En varios sentidos, nunca deberías tener que cortar una relación con amigos para evitar su negatividad. En su lugar, deberías trabajar en la negatividad que hay en tu interior. En mi vida, a lo largo de las décadas en las que he estado aprendiendo sobre la espiritualidad y experimentando mi propia transformación personal, me he encontrado con que las personas que eran amigas en un momento de mi vida simplemente parecieron desaparecer. No tuve que cortar esas relaciones. Tan sólo tomamos caminos distintos. No hubo ninguna animosidad, ninguna pelea, ningún desacuerdo. No nos llamamos y nos dijimos: «Oye, me encuentro en un nivel de conciencia más elevado que tú, así que adiós». Nada de eso sucedió. En su lugar, cada uno de nosotros siguió su camino.

Creo que ésa es la repuesta más inteligente a esta pregunta. Si tienes una relación abusiva con un amigo, quizás debas marcar un límite y hacer algo al respecto. Sin embargo, no oigo esto en esta cuestión concreta. Oigo que alguien está intentando evitar la negatividad. En lugar de evitarla, querrás limpiarla, ya que la negatividad que ves en los demás es, una vez más, la negatividad que hay en tu persona.

Para emplear la ley de la atracción y la ley de la creación, debes comprender que estás atrayendo y creando todo en tu vida. Todo procede de la mentalidad que tienes en este preciso momento. Mientras lo limpias y purificas, vas a hacerlo cambiar y a vivir el paradigma de la abundancia. Ni siquiera verás la negatividad más, porque no existirá en tu realidad.

Puede que recuerdes varias preguntas que he expuesto al final del capítulo 2. Ahora vamos a profundizar más en su comprensión para así analizar por completo el paradigma de la abundancia.

Una vez que me haya librado de los principales bloqueos, ¿fluye la inspiración de forma natural hacia mi consciencia, o son necesarios otros pasos?

No son necesarios otros pasos. Una vez que te hayas librado de los principales bloqueos, la inspiración empezará, de forma natural, a borbotear. Obtendrás inspiración, intuición, sentimientos sobre los que actuar; no habrá nada que evite que reacciones ante ellos, porque los miedos se diluirán y desaparecerán. Si hay algo que hacer aquí, consiste en seguir limpiando y purificando cualquier otra creencia o bloqueo que sigan surgiendo. Una vez que hayas despejado los principales, la inspiración llegará a modo de regalo.

¿Cuál es la diferencia entre la inspiración y los pensamientos regulares?

La inspiración procede de lo Divino y suele contener cierta energía, aporta una sensación alegre. Los pensamientos regulares pasan por tu cerebro como pájaros que pasan por el cielo. No contienen verdadera energía. Puede que un pensamiento aporte una sensación un poco distinta que otro, pero, en general, son simplemente pensamientos. Son tan sólo palabras, imágenes, sentimientos que pasan por el paisaje de tu cerebro. La inspiración por lo general lleva asociada un poco de emoción: una emoción buena, un poco de energía espiritual.

Mientras pasas por todos estos procesos, te volverás más sensible a la diferencia entre la inspiración y los pensamientos regulares, y aprenderás a seguir a tu inspiración cada vez más.

¿Cómo puedo fomentar más inspiración una vez que la haya recibido?

La respuesta fácil consiste en emplear la ley de la creación: actuar. La mejor forma de promover la inspiración consiste en reconocer la inspiración que ya estás obteniendo. La ley de la atracción permitirá que la inspiración entre en tu vida porque habrás especificado que así lo deseas. Has especificado que la quieres porque te lees todo el libro, que trata sobre la ley de la atracción. Sin embargo, la ley de la creación está esperando a que emprendas acciones. Tan pronto como recibas inspiración, reconócela: eso reforzará la ley de la atracción para traerte más de ella. Sin embargo, emprende también acciones sobre la inspiración. Esto le dirá al universo que quieres más de ella, y empezará a llegar de forma regular.

¿Por qué evitan los bloqueos que se dé la inspiración?

Los bloqueos representan miedos. La inspiración está intentando llegar, pero es como si hubieses puesto un muro de plomo que dijese «No eres bienvenida aquí». La inspiración no va a lograr atravesarla. ¿Por qué erigirías ese muro de plomo?: porque tienes miedo. Temes el fracaso o el éxito: o lo uno o lo otro.

Casi todo el mundo tiene miedo al fracaso, pero debes ser consciente de que no hay nada como el fracaso. Puede que obtengas un resultado que no sea tu preferido, pero he aprendido que, si tomas ese resultado y aprendes de él, conviertes en un éxito lo que parecía un fracaso.

He hablado con un milmillonario que se había declarado en bancarrota un par de veces, y dijo que había aprendido algo muy importante del fracaso.

—¿En qué consistió? –le pregunté.

Me dijo:

—No te sucede nada malo con el fracaso.

Cuando te das cuenta, dejas a un lado el bloqueo relacionado con el fracaso.

¿Pero qué hay del miedo al éxito? ¿Qué hay del bloqueo que dice: «No quiero inspiración porque si actúo con respecto a esto y funciona, será un éxito, ¿y entonces qué?»?

Con frecuencia, la gente tiene miedo del éxito porque cambiará su vida de una forma a la que no está acostumbrada. Les saca de su zona de confort, por lo que tienen miedo de eso. Pese a querer más, la gente no suele querer moverse de donde está, ya que se siente cómoda ahí. El lugar en el que se encuentra es lo conocido, y allá donde quiere ir es lo desconocido.

Muchas veces es más fácil que se quede donde está que avanzar y ser un éxito.

Tuve que abordar este tema. Me di cuenta de que cuanto más éxito tenía, más podía ayudarme a mí mismo, a la comunidad y al país. Podía suponer una diferencia en la vida de otras personas. Podía llevar una gran vida y ayudar a otras personas a llevar una gran vida. Cuanto más me fijaba en el éxito y era consciente de que era algo bueno, más podía tenerlo en mi vida.

Querrás derribar todos los bloqueos para la inspiración. La inspiración es el Santo Grial aquí; es el fuego de Dios; es lo Divino respirando a través de ti; es lo que obtienes cuando vives el paradigma de la abundancia. Quieres derribar los bloqueos y el miedo que se encuentran entre la inspiración y tú. ¿Cómo lo haces? Gracias a las sesiones de limpieza y purificación que ya he mostrado.

Cuando siga la inspiración, ¿seguiré encontrándome con resistencia?

Puede, pero sólo si sigue existiendo cierta resistencia en tu interior. Si empiezas a seguir la inspiración y te encuentras con una duda o con miedo, todo eso significa que debes limpiarlo y purificarlo. Tú lo has atraído, tú lo has creado y ha llegado el momento de que lo borres.

Puede que aparezca cierta resistencia, pero lo hace porque está desplazándote hacia un mundo diferente. Por lo tanto, te está convirtiendo en una persona distinta. Estás creciendo y transformándote. Tu viejo yo se está esfumando, y a medida que pasas por tu transformación, parte de este nuevo yo no necesita al viejo yo, pero puede que siga encontrándose con algo de resistencia porque quiere permanecer con lo viejo. Míralo mientras asciende y despréndete de él. Libéralo, límpialo. Quieres ser libre. Deseas ser capaz de seguir la inspiración sin resistencia; pero si parte de él aparece, no pasa nada. Simplemente límpialo, purifícalo. Emplea los procesos por los que ya hemos pasado.

¿Podemos vernos inspirados a hacer algo que quizás no sea lo mejor para nosotros o que incluso pueda hacernos daño?

Una vez más, fíjate en la pregunta. No procede de una fase superior del despertar, sino de la primera etapa, la de la victimización. Procede de alguien que está preocupado: ¿estaré a salvo si sigo la inspiración?

El primer nivel de respuesta a esta pregunta consiste en darse cuenta de dónde procedió la pregunta. Procede de un programa, de una convicción.

El segundo nivel de respuesta a esta pregunta es que no: no puedes verte inspirado a hacer algo que no sea bueno para ti. Lo Divino te está protegiendo. Dios te está protegiendo. La pizarra blanca te está protegiendo.

Quieres seguir la inspiración con profunda confianza, sabiendo que todo está bien y que todo va a ser incluso mejor que lo que tienes en este preciso momento si continúas siguiendo la inspiración. En el paradigma de la abundancia vives a partir de la inspiración. Te desprendes de cualquier preocupación y pesadumbre sobre la seguridad, porque sabes, con una profunda confianza, que estás protegido.

Una vez que me vea inspirado a hacer algo, ¿cómo puedo evitar interponerme o sabotear mi propio éxito?

Debes permanecer centrado en la inspiración. No me refiero a estar centrado en el objetivo, ya que éste puede cambiar, pero la inspiración siempre está ahí. Lo Divino, la pizarra blanca, te ha enviado esta energía y ha dicho: «Ve adelante y haz esto y aquello». Mientras te desplazas en esa dirección, te apoyará, te proporcionará pequeños signos que dicen: «Vas por el buen camino».

Si a lo largo del camino sientes que te has encontrado con un bache en el recorrido, pregunta: «¿Me estoy saboteando o se me está diciendo que gire a la izquierda o a la derecha? ¿Se me está diciendo que debo detenerme y reorganizarme?».

Se te está solicitando que sigas la inspiración independientemente de lo que pase, pero la inspiración es el objetivo. No te marcas un objetivo como, por ejemplo, decir que quieres conseguir tantas ventas durante un período de diez días (aunque puede que la inspiración te diga que hagas muchas llamadas telefónicas). Sigue la inspiración. Eso evitará que te estorbes a ti mismo.

Una vez que la puerta de la inspiración se abra, ¿se cerrará si no actúo de inmediato?

Sí y no. No se cerrará por completo, porque la inspiración sigue estando ahí, y vas a seguir teniéndola como recuerdo durante días, semanas y meses a partir de ahora; pero si no actúas a partir de la inspiración prácticamente al instante, el fuego y la energía que procedan de ella no durarán. No dispondrás de la energía que acompañó a la idea para ayudarte a llevarla a cabo.

La ley de la atracción te aportará la inspiración, pero debes usar la ley de la creación para darle vida en este mismo instante. Si no lo haces, no todo se habrá perdido, pero perderás el impulso. Podrías perder buena parte de la energía que te llegó como regalo a partir de la inspiración.

Cuando la inspiración haga acto de presencia, pasa a la acción. Emplea las leyes de la atracción y de la creación, que te llevarán al paradigma de la abundancia.

6

Creencias limitantes sobre el dinero

A continuación, vamos a hablar de las creencias limitantes sobre el dinero. Una vez más, éstas son preguntas que proceden directamente de los alumnos de mi programa en *coaching* de milagros. Son muy reales, muy francas y muy sinceras.

¿Cómo podemos decir que el dinero tiene una disponibilidad infinita cuando el universo no puede, simplemente, imprimir más en un sótano? Sólo se imprime cierta cantidad.

En primer lugar, el universo puede imprimir, e imprime, más dinero todo el tiempo. En el año fiscal de 2020, el Departamento de Grabación e Impresión de EE.UU. imprimió 1,58 mil millones de billetes de un dólar y 1,33 mil millones de billetes de cien dólares (por supuesto, la moneda vieja o desgastada se quema o recicla, por lo que se necesita producir billetes nuevos). Así que sí: el universo, en forma del gobierno de EE.UU., está imprimiendo más dinero.

Cuando oigas preguntas como éstas, pregúntate, una vez más, de qué nivel proceden. Alguien que diga: «El universo no puede, simplemente, imprimir más dinero en un sótano» procede de la idea de que hay escasez; que no hay suficiente. Se encuentra en la primera etapa del despertar, en la mentalidad de la víctima.

Cuando oigas una pregunta como ésta, debes recordarte que en el paradigma de la abundancia no hay carencias ni limitaciones, no hay escasez. Una vez que pases al paradigma de la abundancia, te darás cuenta de que el dinero es un sistema de energía invisible con el que estamos de acuerdo como sistema de intercambio. Siempre que necesitas dinero, echas mano del pozo de la prosperidad y tiras de él hacia ti empleando las leyes de la atracción y de la creación.

Una vez más, fíjate en de dónde vienes con estas preguntas. ¿Procedes de una de las primeras etapas del despertar o estás intentando venir de la cuarta, en la que vives la vida despierta a través del paradigma de la abundancia?

¿Es resistencia si demando a alguien que me debe dinero? ¿Debería, simplemente, dejarlo pasar esperando que el universo me lo compense?

No quiero decir si debes demandar a alguien o no, pero permíteme aportarte una perspectiva más elevada procedente del paradigma de la abundancia. Si no hay carencias ni limitaciones en el mundo, no importa de dónde proceda el dinero. Puede llegarte a través de la persona que te lo debe o puedes dejarlo pasar y te llegará de otro lugar o de otra persona.

En mi opinión, dejarlo pasar y confiar en el universo es la mejor forma de atraer el dinero. Cuando perdonas a otras personas, te desprendes de tu resistencia a recibir dinero. Cuando exiges que ese dinero te llegue de una manera, forma o modo concreto, o mediante un empleo determinado, una venta o una persona concretas, estás limitando al universo. El universo puede aportar dinero de una amplia variedad de formas, incluyendo algunas inesperadas, pero si tu ego cree que sólo puede proceder de una persona o un empleo, habrás cerrado el resto de puertas.

No puedo proporcionarte consejo legal. No puedo decirte que demandes o que no demandes, pero sí puedo decir, desde el paradigma de la abundancia, que perdonar, dejar ir y permitir son, probablemente, las mejores opciones, confiando en que el dinero llegará de otra forma. Ésta es tal vez la elección más inteligente de todas.

¿Resulta adecuado, en algún caso, declararse en bancarrota? ¿Puede eso suponer un alivio inmediato mientras estoy atrayendo más dinero? Enseñas sobre generar una atmósfera de integridad, y no estoy seguro de que la insolvencia suponga integridad. ¿No generará eso un mal karma y atraerá cosas malas?

No, no va a atraer un mal karma ni nada malo a no ser que consideres la bancarrota como algo malo para ti o para otras personas. Para mí, la bancarrota es una forma acordada de resolver un conflicto. Me declaré en bancarrota una vez cuando estaba pasando por mis años de pobreza en Houston. De hecho, no tuve que completar la declaración de insolvencia. Cuando presenté la declaración, los acreedores dejaron de llamarme, dejé de preocuparme por eso y todo se disolvió, más o menos. Creo que existe una razón metafísica para que tenga lugar esa situación: desde la perspectiva del paradigma de la abundancia, una vez que me declaré insolvente, me desprendí del estrés de mi preocupación por el dinero. Cuando el estrés desapareció, el dinero estuvo disponible y empecé a regresar a mi vida.

¿Resulta adecuado, en alguna circunstancia, declararse en bancarrota? Ciertamente, no sé si es algo adecuado para ti personalmente, pero puede ser una herramienta que uses. Mucha gente famosa y rica se ha declarado insolvente o ha tenido deudas. No es algo malo.

La insolvencia se creó de modo que dispongas de una salida y que tus acreedores y las personas a las que les debes dinero dispongan de una solución a la deuda en sus libros contables. Puede aportarte un alivio a ti y a ellos.

Sin embargo, la pregunta en realidad importante es cómo estás pensando en esto, cuál es tu estado de despertar cuando piensas en la insolvencia. Si consideras que es algo malo, puedes acabar atrayendo el mal. No pretendo asustarte, sino que lo que deseo es despertarte. Quieres proceder de una perspectiva de confianza y abundancia, siendo consciente de que la bancarrota puede ser buena. No estoy diciendo qué hacer. Sí que recomiendo que busques consejo de gente que sepa acerca de la insolvencia y de tu situación económica. Por tu parte, trabaja internamente para despejar problemas relacionados con la ley de la atracción y la ley de la creación, usando los métodos de limpieza y purificación que he aportado.

Si me siento bien mientras estoy arruinado, ¿no traerá eso más de esa misma situación a mi vida? ¿Más de estar arruinado?

No. No estoy pidiendo que te sientas bien con respecto a estar arruinado, pero sí que te sientas bien con respecto a ciertas cosas en tu vida que realmente aprecias. Puedes mostrarte agradecido por el hecho de estar vivo, por tener un vehículo, por tener un techo sobre tu cabeza o una nevera con algo en su interior. Hay algo en tu entorno inmediato por lo que puedes estar contento, pese a que a otro nivel sientas que estás arruinado. En este momento, no estás dando las gracias por estar arruinado, sino por otra cosa por la que estás genuinamente agradecido.

Cuanto más puedas sentir la abundancia en este preciso momento, más avanzarás hacia el paradigma de la abundancia. No importa si te consideras arruinado. No importa si no dispones de dinero en tu cuenta corriente y sólo tienes algunos dólares en tu bolsillo, porque si puedes encontrar la abundancia de este momento, harás cambiar tu cuenta corriente y lo que tienes en tu bolsillo. Lo harás mediante la ley de la atracción, a través de la ley de la creación, con todos los ejercicios y los procesos que has estado aprendiendo en este libro. No se trata de sentirte bien por estar arruinado, sino de agradecer el lugar en el que te encuentras justo ahora, de modo que puedas atraer más cosas que agradecer. Ésa es la gran diferencia.

¿Me traerá siempre el universo dinero de la forma que pueda imaginar, o podría llegar de algún otro modo en el que todavía no haya pensado?

La mayoría de nosotros, que procedemos del ego, pensamos que el dinero tiene que provenir de una fuente concreta, pero eso no es cierto. El universo puede deleitarte y sorprenderte. Puedes acabar creando un producto o servicio, inventar algo o ganar algo. También hay tantas posibilidades con respecto a cómo puede llegarte el dinero que no te recomendaría que perdieras el tiempo imaginándolo. Yo me centraría en sentirme exuberante, abundante, en este preciso momento. A medida que obtengas ideas, emprende acciones inspiradas, usa las leyes de la creación y de la atracción para convertirlas en realidad. Cuanto más hagas, más verás cómo el dinero llega a tu vida. No necesitas centrarte en el dinero *per se* ni en cómo te llega de cualquier manera concreta. Permite que el universo te sorprenda. No hay nada más encantador que unos ingresos inesperados, y eso es del todo posible mientras avanzas hacia el paradigma de la abundancia.

Sé que podría ganar dinero si tuviera un poco de capital inicial para empezar. ¿Puedes recomendarme alguna fuente de la que pueda tomar dinero prestado o asociarme con alguien que disponga de dinero para prestarme? ¿Es ésa una de las formas en las que el universo podría aportarme dinero?

Ciertamente, es uno de los modos en los que el universo podría aportarte dinero. No te conozco en persona, por lo que no puedo decirte a quién acudir o con quién asociarte, pero si investigas un poco, puedes averiguarlo por tu cuenta. Puedes empezar por ir al banco, o a la Administración de la Pequeña Empresa, o buscar información sobre este tema en Google. Hay incontables historias de personas que han hecho esto: empezaron sin nada, pero lograron atraer dinero a su vida.

Creo que es más importante que tengas claro lo que quieres y que estés seguro de que puedes conseguirlo. Emplea la ley de la atracción para asegurarte de atraer todo y a todos en tu vida que sean una buena combinación para lo que deseas. Luego, usando la ley de la creación, actúa con respecto a las ideas que tengas para poner de manifiesto lo que necesitas.

Aquí tenemos una afirmación sorprendente: a veces no necesitas dinero para hacer que estas cosas sucedan. En ocasiones, centrarse en la convicción de que precisas dinero evita que pases a la acción en este mismo instante. Por lo tanto, te voy a retar y te diré que, si tienes una idea, pregunta dónde puedes empezar a crearla empleando la ley de la creación en este preciso momento, tanto si dispones de dinero como si no. ¿No hay nada que puedas hacer, alguien a quien puedas llamar o escribir o alguna organización con la que puedas contactar? Tiene que haber algo que puedas hacer en este momento para empezar a atraer lo que necesitas. El dinero no siempre es lo que precisas realmente.

Si algo hace que mi misión en la vida avance, pero en realidad no puedo pagarlo en este mismo momento, ¿es adecuado usar una tarjeta de crédito, o es preferible esperar hasta tener dinero en metálico para pagarlo?

Una vez más, no puedo tomar una decisión sobre tu situación personal. He oído hablar de una forma de gestionar las tarjetas de crédito: usa sólo una tarjeta, métela en un vaso de agua, introdúcela en el congelador y congélala. Siempre que sientas la tentación de usar la tarjeta, vas a tener que esperar a que se descongele antes de poder acceder a ella. Esto te proporcionará tiempo para pensar en si quieres efectuar la compra o no. Esto ralentizará que uses tu tarjeta de crédito por actuar con demasiada precipitación.

Recuerda también que no siempre necesitas dinero para implementar una misión en la vida; lo que precisas siempre es actuar. Ésa es la razón por la cual me he centrado tanto en la ley de la creación. Demasiada gente no ha emprendido acciones para crear algo. Se ha quedado sentada, no ha estado visualizando, no ha pronunciado sus afirmaciones a modo de mantra, pero ha estado haciendo chocar sus talones como pidiendo un deseo y esperando a que se apareciese la magia sin hacer absolutamente nada. La ley de la creación dice que la vida es un proceso cocreativo. Debes ayudar. Debes, de hecho, hacer algo.

Puede que esto implique usar una tarjeta de crédito, pero no tomes una decisión instantánea con respecto a este tema. Sí, hay muchas historias de personas que empezaron echando mano de sus tarjetas de crédito: es de ahí de donde obtuvieron la financiación. Vas a tener que detenerte, pensar en ello y tener claro lo que quieres y el movimiento que resulta el más adecuado para ti.

Otro enfoque consiste en preguntarte si usar una tarjeta de crédito es la opción correcta. Reflexiona en tu interior. ¿Cuál es la primera sensación que percibes? ¿Te llega un: «Sí, eso es exactamente lo que hay que hacer. Usa la tarjeta de crédito»; «Quizás debería emplear la tarjeta de crédito, o tal vez no»; o un categórico «No, no debería usar la tarjeta de crédito»? A no ser que obtengas un sí absoluto, yo te diría que no empleases la tarjeta de crédito, pero, una vez más, es decisión tuya.

El mero hecho de que la pregunta esté en tu mente significa que tienes algunas dudas con respecto a usar la tarjeta. Si las tienes, te diría que no la emplees. Recuerda que la ley de la atracción va a aportar una correspondencia con tu vibración. Si, en este preciso instante, tu vibración, tu energía interior, es de duda, vas a generar más momentos de duda, por lo que úsala sólo si la respuesta es un gran sí para ti.

Estoy seriamente tentado de dejar mi empleo y empezar a trabajar en una idea de negocio que tengo. Me parece muy arriesgado, pero también, al mismo tiempo, muy emocionante. ¿Cómo puedo estar seguro de que ha sido algo inspirado? Además, ¿es estar inspirado una garantía de éxito?

Una vez más, reflexiona sobre la pregunta. ¿De dónde viene esta persona? Está emocionada, por lo que empieza a sentirse empoderada, lo que supone la segunda etapa del despertar, pero también está asustada, ya que siente que se trata de algo arriesgado. Quiere realmente una garantía de éxito. Eso procede de la primera fase del despertar, de una mentalidad de víctima. Esta persona está saltando entre la victimización y el empoderamiento, cosa que está bien, pero querrás ascender por la escalera del despertar al paradigma de la abundancia. Quieres vivir en la cuarta fase, que es la de la mentalidad que ha despertado.

¿Debería esta persona dejar su empleo? No puedo decir si debería o no. Eso es decisión de esa persona; pero como está preguntando, es probable que le dijera que no. Yo iniciaría la idea del negocio que tiene mientras sigue en su empleo.

Esto es común. Cuando trabajaba para una gran compañía petrolífera en Houston, hace décadas, escribí mis primeros libros y los primeros artículos mientras cumplía el horario en mi empresa. Cuando el resto de la gente hacía vacaciones, yo escribía mis artículos. Mientras todos los demás salían a comer fuera, yo solía quedarme en la oficina trabajando en mi primer libro. Como seguí con ese trabajo mientras me dedicaba a la idea de mi negocio, al final pude publicar ese primer libro, allá por 1984, y pude alimentarme y alimentar a mi familia, al mismo tiempo que todo comenzaba a tomar forma, y todo gracias a que no abandoné mi trabajo.

Una vez más, debes comprobar en tu interior y averiguar: ¿se trata de un «sí»? ¿Debería involucrarme en esto? ¿O es un «quizás», lo que significa que tienes dudas, o se trata de un «no» rotundo, un «no» en este momento? Tienes que hacer esa valoración por ti mismo, pero hacerla con tanta claridad como puedas. Respira hondo, piensa en esta idea, medita sobre ello, e incluso, y quizás, solicita orientación. Observa qué es lo que acude a tu mente y sigue la orientación.

¿Cuánto tiempo me llevará, después de dejar de tener creencias limitantes, ver cómo entra el dinero? ¿Pasará mucho tiempo?

Esta pregunta refleja el miedo de que el dinero tal vez no llegue; o que es posible que nos lleve mucho tiempo, quizá una eternidad. La realidad es que el dinero puede llegar hoy mismo. El dinero puede llegar en los próximos minutos. Puede llegar en este preciso instante. Esta noche, mañana, la próxima semana. Llegará cuando estés preparado para recibirlo.

Si una persona tiene una convicción inconsciente de que al dinero le lleva mucho tiempo llegar, ¿sabes qué? La ley de la atracción va a unirse a esa creencia y va a hacer que el dinero tarde mucho tiempo en llegar.

Si cambias eso por una convicción de que el dinero puede llegar al instante, sin esfuerzo, inesperadamente y hoy, ¿entonces sabes qué? La ley de la atracción se emparejará con esa idea y podrás ver cómo el dinero entra en tu vida cuando acabes de leer este libro. Todo está vinculado al sistema de creencias.

Llevo diciendo esto desde hace muchísimo tiempo: cambia tus creencias y cambiarás tu realidad. Cuando entras en el paradigma de la abundancia, entras en una nueva realidad que permite que el dinero te llegue mientras duermes, trabajas, comes o lees. El dinero puede llegar de cualquier forma, y rápida o lentamente, dependiendo de en qué creas. Si crees que al dinero le lleva mucho tiempo llegar, sé consciente de que se trata de una creencia, y no de una realidad. Esto no es así para todo el mundo. Es algo que tú has creado usando la ley de la creación, y es algo que has atraído por medio de la ley de la atracción.

¿Qué hacer al respecto? Retroceder y revisar tus sesiones favoritas de limpieza de este libro. Eso te ayudará a liberarte.

¿Cómo puedo crecer y encontrar el éxito en mi vida y mi ser si todavía no creo en mí mismo?

Me encanta esa pregunta porque puedo relacionarla con cuando era un sintecho y vivía en la pobreza. Me sentía como si fuera contra el mundo. Sentía que no creía en mí, que no tenía autoestima y que no iba a conseguirlo, pese a que iba a seguir mezclando y probando.

Aprendí que, si das pequeños pasitos, si empiezas a moverte en la dirección del éxito que deseas y haces algo que es mensurable, que es responsable, que puedas contarle a otras personas, comienzas a creer en ti mismo.

La primera forma de empezar consiste en decir: *Voy a alcanzar el éxito* a modo de afirmación. Sí, se trata de un nuevo diálogo mental, y sí, sigues en un nivel inferior del despertar, pero así es como asciendes por la escalera de la conciencia. Empiezas con tus pensamientos y comienzas a cambiarlos.

En cuanto a los pensamientos anteriores (carezco de autoestima, no tengo éxito, no creo en mí mismo), detengamos ese círculo de destrucción ahí mismo y convirtámoslo en un pensamiento ¿y si...? positivo. Empieza a decir: «Creo en mí mismo, voy a tener éxito y voy a actuar respecto a la primera cosa que acuda a mi mente en este preciso momento».

Mientras empiezas a pasar a la acción, que es el núcleo de la ley de la creación, comienzas a conseguir nuevos resultados y también a sentirte mejor contigo mismo. Siempre que hagas las cosas que sabes que tienes que hacer, desarrollarás autoestima y una nueva autoimagen, y te empoderarás.

¿Cómo empezar? Exactamente donde te encuentras. No tienes que esperar a que nada cambie, ya que nada va a cambiar hasta que lo hagas. Todo es una tarea interior.

Mira hacia el interior de tu vida y pregúntate qué objetivo quieres alcanzar. Si es una meta enorme, desglósala. ¿Cuál es el primer paso diminuto que puedes dar? Si deseas escribir un libro, puede que simplemente tengas que encender tu ordenador y escribir el título y la primera línea. Después de la primera línea, escribirás la segunda. Desarrollarás poco a poco esta convicción de que eres escritor y de que van a publicar tu obra.

Es posible que quieras ser orador, empresario o el propietario de un pequeño negocio. Con independencia de en qué consista, anota el objetivo y, a continuación, desglósalo en pequeños pasos.

Escoge el pasito más pequeño, más seguro y menos arriesgado, el que puedas dar hoy, y comienza a hacerlo. Con el tiempo desarrollarás un nuevo tú.

He oído decir que no puedes amar de verdad a los demás hasta que te ames a ti mismo. ¿Es ésa una afirmación cierta?

Las palabras clave de esta pregunta son *de verdad*. No puedes querer de verdad a los demás hasta que no te quieras a ti mismo. Cuando te quieres a ti mismo, tienes la capacidad de comprender, aceptar, amar y sustentar a otras personas. Todo empieza contigo. Si captas las lecciones más profundas de este libro, comprenderás que el mundo exterior es, simplemente, un reflejo de tu mundo interior. No querrás empezar a encontrar cosas en el exterior a las que amar, sino que desearás empezar a hallar a tu yo interior para amarlo.

Tendrás al paradigma de la abundancia como un movimiento constante en tu consciencia si comprendes un mensaje principal: en tu núcleo, más allá de tus pensamientos, tus sentimientos, tus preocupaciones y el resto de cosas que están sucediendo en tu conciencia, hay un testigo. Yo lo he llamado cero, Dios, la pizarra blanca, lo Divino. Esa divina pizarra limpia, esa pizarra blanca de la consciencia, el testigo que lo está observando todo en tu mundo es, en su núcleo, el amor. Cuanto más puedas ir a esta esencia interior del amor que hay en tu interior, más podrás quererte a ti mismo y a los demás. Todo empieza en el interior.

¿Es posible que te quieras de verdad cuando hay rasgos o características de tu propia personalidad o de tu cuerpo que no te gustan, o es necesaria la aceptación total e incondicional de uno mismo?

Puedes quererte tal y como eres, *y* puedes querer cambiar. Puedes amarte a modo de un trabajo en curso. Puedes mirarte y pronunciar las siguientes palabras: «Me gustan mis hombros, pero no me gusta mi vientre; me gustan mis piernas, pero no me gustan mis pies». Sin embargo, eres plástico en muchos sentidos: puedes transformarte físicamente en lo que quieras. Hay algunas limitaciones físicas, por supuesto, pero hablamos de refinar tu cuerpo. Incluso eso empieza desde el interior.

Aquí tenemos la mejor pista para cambiarte: aceptarte. Empieza por quererte. Cuanto más puedas amarte tal y como eres, más te transformarás en un ser perfecto. La perfección, por supuesto, es relativa, pero lo digo en el sentido de un despertar y una autodescripción subjetivos.

Cuanto más puedas quererte tal y como eres, más pasarás a la aceptación de ti mismo tal y como eres. Entonces empezarás a cambiar esas partes de ti que no te habían gustado en el pasado; pero debes aceptarte tal y como eres ahora. Tú eres un trabajo en curso, yo soy un trabajo en curso, pero he visto que puedo acelerar este trabajo en curso si amo el trabajo tal y como está ahora.

Tú eres el Miguel Ángel de tu vida y el *David* que estás esculpiendo. Cuando Miguel Ángel tuvo en sus manos ese gran bloque de mármol con el que empezar, tuvo que amarlo tal y como se encontraba frente a él y luego que cincelarlo para eliminar todo lo que no era el *David*.

El resultado final fue una obra maestra que lleva siéndolo desde hace siglos.

Tú esculpes tu propio cuerpo para que entre en la vida, el ser y la realidad física que deseas, pero esto empieza con aceptación y amor. Si quieres proceder del paradigma de la abundancia cuando estés observando tu cuerpo, acéptalo y quiérelo mientras trabajas en él.

He sido menospreciado por mis padres y otras personas durante toda mi vida. ¿Cómo puedo desprenderme de la autoimagen negativa que he desarrollado con los años, de modo que pueda quererme y aceptarme?

Puedo identificarme con eso. Escribí un libro sobre mi crianza llamado *Adventures within*. Sufrí una infancia plagada de maltratos y a un padre que era bastante terrorífico. Era un exinfante de la Marina y un excampeón de boxeo, y dirigía a su familia como si estuviéramos en un campo de entrenamiento militar básico en la guerra de Corea. Fue duro, pero él lo estaba haciendo lo mejor que podía. No tenía un manual sobre cómo criar a sus hijos. Los educó basándose en la programación de la que dispuso en esa época. La mayor parte consistía en entrenamiento militar o entrenamiento físico procedente de su mundo del boxeo.

Tus padres lo hicieron lo mejor que pudieron. Desde el punto de vista del paradigma de la abundancia, debes comprender que ellos no estaban haciendo nada conscientemente para hacerte daño o maltratarte. Debes perdonarlos. Cuanto más los perdones, mejor te sentirás en este preciso momento.

Debes ir más allá y perdonarte por haberles juzgado por no haberte criado de forma distinta. Debes perdonarlos y perdonarte a ti mismo. Ése es el primer nivel del despertar.

En el segundo nivel, querrás ser consciente de que te has estado contando una historia. Somos seres historiados: damos sentido a nuestra vida explicando historias que agrupan todos los hechos en nuestro viaje hasta este momento.

Sin embargo, puedes narrar una historia diferente. Ahora explico el relato de que mis padres fueron los mejores del mundo. Mi padre me enseñó fortaleza. Me enseñó disciplina. Me enseñó a poder lanzarme a por lo que quiero y a no postrarme ante nadie. Me enseñó cómo hablar, cómo ser fuerte, cómo alzarme en el mundo. Obtuve eso de un padre que en mi anterior relato era el enemigo, era violento y con el que era difícil convivir, una persona que imponía disciplina, que usaba la fuerza física para hacer que la gente obedeciera.

Es el mismo padre, pero he explicado una historia diferente. Ahora el relato es de fortaleza, y me enorgullece explicarlo. Mi padre está vivo y bien, y es octogenario. Es el Jack LaLanne (un famoso experto en *fitness* y nutrición estadounidense) de la familia, y practica ejercicio dos veces al día. Le considero una inspiración, pese a ser el mismo padre que tuve cuando estaba creciendo.

Tienes elección. Empieza con el perdón a tu familia y a ti mismo, y continúa creando una nueva historia. Tan sólo explica el relato de forma distinta, desde un prisma positivo, y te librarás de la autoimagen negativa y crearás una autoimagen positiva, porque el relato te fortalecerá.

Sé de otros que también batallan con su propia valía. ¿Hay algo que pueda hacer para ayudar a sanar la imagen que tienen de sí mismos?

Mi consejo primordial sobre persuadir a la gente consiste en ser una fuente, un modelo de inspiración para ella. No tienes necesariamente que intentar sanar a cualquier otra persona. Siempre trabajas en ti mismo, siempre te sanas a ti mismo. A medida que crezcas y te transformes, otras personas te verán e imitarán tu comportamiento.

La ciencia está estudiando las neuronas espejo, lo que significa que observamos a las personas que hay a nuestro alrededor (no sólo a nuestros familiares y amigos, sino también a la gente cercana a nosotros, aquella a la que vemos con más frecuencia), e imitamos lo que están haciendo. Si te conviertes en un modelo de inspiración para otras personas, tanto si tienen una autoimagen potente como si no, empezarán a imitarte de un modo inconsciente. Les influirás de una forma positiva.

No creo que tengas que ir hacia nadie y decir directamente: «Aquí tenemos cómo cambiar». Sin embargo, puedes cambiarte a ti mismo, y al hacerlo, otros lo verán y lo imitarán. Recuerda también que, desde la perspectiva del paradigma de la abundancia, no hay nadie a quien cambiar. Con cualquier cosa que veas cuyo exterior no te guste o que creas que debe ser pulida, llevarás a cabo el cambio y el refinamiento y que te guste en tu interior. El cambio es, una vez más, un trabajo interior.

¿Hay cosas que la mayoría de la gente hace de forma regular y que destroza su autoestima sin que se dé cuenta? ¿Cuáles son algunas de las acciones o los pensamientos de los que debería ser consciente?

Casi todo el mundo sabe cuándo está haciendo algo que no es lo mejor para él. Tanto si está intentando perder peso, pero echa mano de un pastel, como si está intentando dejar de fumar, pero echa mano de un cigarrillo, sabe que ésa no es la acción afirmadora de la vida que debe emprender. Debe acudir a su interior y ser consciente de si sus sentimientos le están impulsando a actuar con respecto a algo que en realidad no desea.

Sabes, gracias a todo el trabajo que hemos llevado a cabo juntos en este libro, que cuando modificas tus convicciones internas, tienes una realidad distinta. Quieres fijarte en todos los pensamientos que te están estimulando a hacer algo negativo o pernicioso, y deseas cambiar esos pensamientos, porque son la esencia de la ley de la atracción. A medida que modifiques tus pensamientos, emprenderás diferentes acciones, lo que significa que la ley de la creación entrará en acción y te proporcionará un resultado distinto.

Una vez más, tendrás un poco de trabajo que hacer, pero todo lo que esto significa realmente es que tendrás una conciencia afiladísima, una sensibilidad en lo tocante a cómo estás pensando y sintiéndote, y luego te detendrás y te preguntarás: «¿Es éste un pensamiento que afirma en la vida? ¿Es ésta una maniobra de la abundancia? ¿O se trata de algo de lo que voy a arrepentirme?». Si temes arrepentirte del siguiente pensamiento o del siguiente paso que vas a emprender, halla una forma de detenerlo.

No quiero simplificar en exceso diciendo simplemente que lo dejes estar, porque quiero recordarte que en este libro has aprendido procesos de limpieza muy poderosos. Úsalos. Regresa a los que te hacen sentir mejor y llévalos a cabo por tu cuenta. Haz algo para purificarte, de modo que puedas tener una alta autoestima que quiera seguir los mensajes de lo Divino.

¿Cómo puedo ayudar a proteger la autoimagen de mi hijo cuando en el colegio los niños se meten con él y son desagradables?

Debes tener una buena imagen de ti mismo. Si procedes de un lugar de miedo y preocupación excesiva, tu hijo va a captarlo y su propia autoestima replicará a la tuya. Tendrá una debilidad que mostrará a otras personas. Los otros niños se meterán con él, porque los muchachos leerán la señal de energía de tu hijo. Tu retoño obtiene esa señal de energía de ti, por lo que la propia pregunta sugiere que tú tienes miedo.

Quieres eliminar el miedo en ti mismo de modo que tengas más confianza en lo tocante a tu hijo. Debido al efecto de la neurona espejo, tu mayor confianza se transmitirá a tu hijo, que, a su vez, tendrá una mayor confianza en sí mismo. Cuando el niño vaya al colegio percibiendo esta sensación interior de seguridad, los niños de su alrededor no se meterán con él.

Una vez más, tienes que trabajar en *ti*. No tienes que trabajar en tu hijo. Mientras trabajas en ti, el niño notará la diferencia y la imitará.

El doctor Hew Len no era un asesino. ¿Cómo atrajo a asesinos a su vida? Me está costando ver la conexión.

El doctor Hew Len era un terapeuta y estaba estudiando a asesinos. Estaba estudiando a personas que cometieron delitos violentos. Como dedicó tanto tiempo, esfuerzo y entusiasmo a su investigación, estaba destinado a atraer a su vida a las personas que concordaban con eso. Si hubiera estudiado cocina, probablemente habría atraído a chefs en su vida, pero ése no fue el caso. Estaba estudiando el comportamiento anómalo y a criminales violentos. Debido a ese foco, atrajo a asesinos que se encontraban en el hospital psiquiátrico en el que trabajaba.

Comprende los niveles más profundos de esta idea. La ley de la atracción afirma que vas a obtener aquello en lo que te centres con energía y entusiasmo. Siempre que dediques mucha emoción a algo (lo que, por lo general, implica a lo que de verdad te encante o lo que de verdad temas u odies), va a mostrarse en tu vida. Ésa es la ley de la atracción.

Te estoy animando a querer más, a proceder del amor. El amor es el corazón del paradigma de la abundancia. En él, el amor es lo que ves cuando miras a tu alrededor. Si te encanta el lugar en el que te encuentras en este preciso momento, la ley de la atracción dice que obtendrás más de él. Si amas precisamente lo que te gustaría tener en tu vida (una persona, un lugar o una cosa), la ley de la atracción afirma que empezarás a atraerlo a tu vida.

Por supuesto, también debes usar la ley de la atracción y hacer algo para que esto suceda. El doctor Hew Len estaba estudiando a estos tipos de personas y la ley de la atracción dijo: «De acuerdo, quieres saber más acerca de estas personas. Te expondremos a una situación en la que puedas aprender más».

Entonces supo que había una vacante en el hospital estatal de Hawái. Usó la ley de la creación, lo que significa que tuvo que rellenar una solicitud, entregarla, hacer una llamada telefónica, volar a Hawái y pasar una entrevista.

Todos estos elementos revelan cómo hacer que tu vida funcione. ¿En qué estás centrado? La ley de la atracción va a ir a la par con ello. ¿En qué estás pasando a la acción para hacerlo o no hacerlo? La ley de la creación te va a ayudar a ponerlo de manifiesto.

A veces tengo ataques de pánico con respecto al dinero. Estoy practicando el ho'oponopono, *estoy llevando a cabo mi pensamiento ¿y si…? positivo, pero el dinero sigue obsesionándome. ¿Es simplemente que le llevará tiempo ponerse de manifiesto? ¿Cómo puedo sentirme bien mientras espero?*

Esta pregunta sugiere que la persona sigue preocupada. ¿Qué significa eso? Sigue existiendo una convicción en su mente (tanto si es consciente como si es inconsciente) de que el dinero no va a llegar. Esa persona necesita limpiar y purificar esas creencias limitantes.

¿Qué haces mientras esperas a que la situación cambie? No esperas: empleas la ley de la creación, emprendes acciones. Regresa a una de tus prácticas de limpieza favoritas de este libro y vuelve a llevarlas a cabo. Practícala cada día si es necesario, de modo que puedas librarte del sentimiento obsesivo y de la creencia negativa.

Si te estás preguntando cómo puedes sentirte bien mientras esperas, practica la gratitud. Una vez más, debes mirar a tu alrededor en tu entorno, encontrar algo por lo que estés verdaderamente agradecido y centrarte en ello. Cuanto más puedas centrarte en la gratitud, más exuberante te sentirás.

Cuanto más exuberante te sientas, más te aportará la ley de la atracción la riqueza que necesitas para igualar ese sentimiento.

Por lo tanto, tienes trabajo que llevar a cabo, pero es probable que puedas ocuparte de este problema repitiendo la práctica de limpieza de tu elección una o dos veces más.

Lo quiero ahora; lo necesito ahora. ¿Por qué no llega el dinero? Llevo años estudiando la ley de la atracción y no parece funcionar. ¿Es esto normal?

Sólo es normal en el grado en el que tienes una sensación desesperada con respecto al dinero. He experimentado esta sensación. He estado en momentos en mi vida en los que pensaba: «Lo estoy haciendo todo bien. Estoy leyendo libros sobre metafísica y literatura acerca del éxito, y estoy emprendiendo acciones. ¿Dónde está el dinero?».

Lo que no entendía en esa época (y lo que la mayoría de la gente no comprende) es que la ley de la atracción estaba coincidiendo con mi sistema inconsciente de valores. Esto es lo que describí en mi programa de audio *El secreto faltante*, que dice que la ley de la atracción se corresponde con tus convicciones inconscientes, y no con tus convicciones conscientes. Cuando alguien dice: «Necesito dinero», ¿cuál es la energía que hay tras eso? Es desesperación. Por lo tanto, ¿con qué va a coincidir la ley de la atracción? Con la desesperación.

Para que esto cambie, debes relajarte y, una vez más, la abundancia se encuentra en este momento. Cuando te fijas en este instante y afirmas: «¿Dónde está el dinero?», no estás viendo la abundancia. Estás viendo la escasez. Procedes de una mentalidad y de un paradigma antiguos. Quieres pasar al nuevo paradigma. Una vez lo hagas, te darás la vuelta y dirás: «Hay abundancia por doquier». Como ves abundancia por todos los sitios, la ley de la creación y la ley de la atracción traerán dinero y oportunidades de conseguirlo próximamente.

Pese a que me identifico con la persona que formula esta pregunta, necesita desconectar el miedo de que el dinero no va a llegar, porque ese miedo lo va a alejar.

Me siento unido al resultado. Mi negocio tiene que funcionar. ¿Cómo puedo ser independiente del resultado y seguir creyendo al mismo tiempo?

Debes llevar a cabo un acto de equilibrado en tu interior, diciendo: «Creo en mi visión, y si por alguna loca razón no funciona de la forma en que la imagino, funcionará de alguna otra manera incluso mejor».

Ésta es una nueva mentalidad para la mayoría de la gente, porque piensa: «El negocio tiene que funcionar o fracasaré. Me arruinaré. Acabaré en la calle». Obviamente, ese pensamiento no está orientado al paradigma de la abundancia. Una vez más, todo esto tiene que ver con cambiar la percepción, las convicciones. En lugar de proceder del miedo y la escasez, querrás proceder del poder y venir de la confianza.

¿Cómo te desconectas del resultado? Algún día escribiré un libro titulado *Mystic in the marketplace* («Místico en el mercado»). Se basará en la idea de que, a medida que avanzas en tu negocio e intentas poner de manifiesto lo que deseas, permaneces desconectado de ello. Tal y como he afirmado, una forma de encontrar el paradigma de la abundancia y de ir a la Fuente consiste en ver que no eres tus pensamientos, tus sentimientos, tu cuerpo y tus acciones. Eres un testigo que se encuentra detrás y dentro de todo ello.

Puedes convertirte en un místico en el mercado si puedes llevar esa mentalidad al mundo de los negocios. Esto es del todo posible. Puede que necesites colocar una pequeña tarjeta en tu escritorio que diga: «Recuerda, místico en el mercado». Siempre que la veas, respira hondo y pronuncia las siguientes palabras: «De acuerdo. Lo que estoy haciendo no soy yo. Lo hago empleando la ley de la atracción, pero soy independiente de ella porque procedo de la mentalidad de la abundancia».

Así que emprendes acciones. Sí, quieres que todo funcione. Eres optimista y estás haciendo lo correcto. La ley de la atracción está de tu lado, y eres independiente de ella, sabiendo que el universo, lo Divino, Dios, está cuidando de ti. Ése es el acto equilibrado que debes llevar a cabo. Cuando lo consigas, lograrás cosas con más rapidez y tendrás más éxito.

Si tengo algunos pensamientos negativos a lo largo del día pero me los quito de la cabeza y empiezo a pensar en positivo de nuevo, ¿he fastidiado mi vida por haber tenido esos pensamientos negativos?

No, en absoluto. El universo ha puesto un maravilloso sistema a prueba de fallos en nuestro cuerpo y nuestra mente. Dice que lo que pienses al respecto en este preciso momento, con energía y concentración, tenderá a suceder más o menos en los próximos tres días.

Tenemos pensamientos durante todo el día. Vi una estadística que decía que tenemos entre sesenta mil y ochenta mil pensamientos al día.

Es algo bueno que no todos ellos se pongan de manifiesto de inmediato, ya que no todos ellos son sanos. Muchos de ellos son negativos e inútiles.

Quieres hacer lo que estás haciendo: quitártelos de la cabeza y centrarte en lo positivo. Lleva a cabo un pensamiento ¿y sí...? positivo y convierte esos pensamientos en otros que prefieras. Céntrate en lo que quieres conseguir, recordando que la ley de la atracción va a concordar con lo que pienses y sientas a un nivel inconsciente.

No te preocupes por los pensamientos negativos. Si aparecen, simplemente di: «Oye, gracias», y luego déjalos ir. Cuando acudan pensamientos positivos, dales algo de vida. Céntrate en ellos, ya que los pensamientos en los que te centres son los que sucederán entre los próximos días y una semana.

Mi familia no me apoya, pero tengo que vivir con ella. ¿Cómo puedo, de todos modos, sentirme bien?

La respuesta fácil es que, por supuesto, leas libros como éste. Escucha audios de autoafirmación. Rodéate de personas positivas. Puedes, de algún modo, crear una familia nueva.

Crecí en Ohio. En algún momento me marché de casa y me dirigí a Texas. Fue un punto de inflexión en mi vida, ya que corté vínculos en muchos sentidos. No es que le diera la espalda a mi familia: sigo teniéndola, y seguía teniéndola entonces; pero como me alejé de ella, tuve que crear una nueva familia en Texas.

Hubo mucha lucha en esa época, pero sólo porque no conocía libros inspiradores como éste ni audios inspiradores. Hace décadas no se podían encontrar (por lo menos no en mi conciencia). No obstante, creé un nuevo sistema de apoyo, amigos que creían en mí, un nuevo grupo de la Mente Maestra. Aunque no sabía lo que era una Mente Maestra en ese momento, aprendí a crear una y, a raíz de esto, formé una nueva familia.

Ahora que he dicho todo eso, también querrás ser inmune a lo que tu familia esté o no esté haciendo. Una vez más, la independencia es una señal de que te encuentras en el paradigma de la abundancia.

La independencia significa que pueden decir, hacer o ser lo que quieran, pero que tú vas a decir, hacer o ser lo que sea que necesites ser, siguiendo tu propia inspiración. Independientemente de lo que la familia esté haciendo o no haciendo... bueno, eso está bien para la familia. Céntrate en lo que está sucediendo en ti.

Para llevar esto a un nivel superior, si tu familia te está tocando la moral, recuerda que esos asuntos no están en tu familia, sino en ti. Por lo tanto, si están diciendo algo que te está irritando, emplea prácticas de limpieza para que te ayuden a superarlo. Sana en tu interior y verás cómo cambia tu realidad, incluyendo a tu familia.

Mi marido piensa que la ley de la atracción es un cuento chino. A veces me enfurece no poder compartir con él todas las cosas maravillosas que estoy aprendiendo. ¿Cómo puedo hacer que se suba a bordo? ¿Qué ocurre si no puedo hacer que cambie?

Piensa en la mentalidad subyacente a esto. En primer lugar, si tu marido piensa que la ley de la atracción es un cuento chino, es probable que esté reflejando un aspecto de ti que también piense que es una tomadura de pelo. Puede que tú digas que se trata de cosas maravillosas, pero si el espejo que tienes en forma de tu marido afirma que eso es un cuento chino, lo más probable es que, por lo menos, un pedacito de lo que crees en tu interior coincida con ello.

No le cambies: cambia tú. Adéntrate y pregúntate: «¿Creo totalmente en la ley de la atracción?». Si la respuesta es sí, de acuerdo, ya está; pero si respondes que no y eso te dice: «Tengo mis dudas. A veces creo que es una tomadura de pelo», entonces deberás preguntarte: «¿Por qué pienso de esa forma? ¿Cuáles son las pruebas al respecto?».

Estás desenterrando tu propio sistema de apoyo de esa creencia negativa. Fíjate en el sistema y cuestiona sus pruebas. Cuando lo hagas, desaparecerá y sabrás que la ley de la atracción funciona de verdad. Cuando lo sepas con un cien por cien de honestidad en tu interior, lo más probable es que tu marido deje de decir cosas negativas sobre ello.

Piensa también en esto: si estás paseando por tu casa y te estás enfureciendo porque tu marido no está en sintonía con tu sistema de creencias, ¿qué será probable que piense sobre la ley de la atracción? Debe pensar que no funciona en absoluto si te alteras con tanta facilidad.

Obviamente, hay algo en tu interior que está intentando convencerlo para que se suba a bordo contigo. Algo en ti está diciendo: «Necesito que crea de la forma en la que yo lo hago. De otro modo, toda nuestra relación se desmoronará». Eso no es cierto. No necesitas que esté a bordo. Él es libre de creer lo que desee, pero si ve que vas de un lado a otro enfurecida, es probable que piense: «Esta ley de la atracción no funciona muy bien. Simplemente fíjate en lo alterada que está mi mujer y con qué facilidad se descompone».

Te invitaría a llevar a cabo más ejercicios de limpieza. Regresa a tus favoritos y practícalos de nuevo. Permite que tu marido sea lo que quiera ser, pero asegúrate de estar en paz contigo misma en tu interior. En el paradigma de la abundancia, no vas a estar enfadada, airada ni celosa. No intentarás cambiar a alguien para así sentirte mejor. En el paradigma de la abundancia procederás del amor y la aceptación, pero, una vez más, eso empieza en ti.

Me siento obligado, por Dios, a convertirme en terapeuta. Me emociona. Sin embargo, tengo sesenta años. ¿No es ya muy tarde para volver a estudiar? ¿Debo poseer un grado universitario? ¿Puedo encontrar alguna forma de hacerlo sin un grado universitario? ¿Sería algo increíble? Tomar estas decisiones a veces me confunde. ¿No debería lo Divino proporcionarme una señal?

Creo que lo Divino ya te ha proporcionado una señal. Empezaste diciendo: «Me siento obligado, por Dios, a convertirme en terapeuta». Eso a mí me parece una señal. Por lo tanto, estás obteniendo la inspiración para convertirte en terapeuta. Tú sientes que eso procede de Dios, y probablemente sea así.

La ley de la creación afirma que ahora tienes que pasar a la acción. Estás, como es obvio, emocionado, pero ahí está el *pero*: «Pero tengo sesenta años. ¿No es muy tarde?». Esas dudas proceden de la parte de ti que no está en sintonía con este objetivo. Deberás llevar a cabo ejercicios de limpieza con respecto a este sentimiento, porque la edad no importa. Conocemos casos de personas octogenarias y nonagenarias que han emprendido una nueva trayectoria profesional, han puesto algo de manifiesto o han marcado una diferencia que ha durado para siempre.

¿Es demasiado tarde para retomar los estudios? No. Puedes volver a estudiar en el momento que quieras. Puedes hacerlo *online*, o puedes ir a una escuela tradicional. Todo ello está disponible. No es más que una elección.

¿Es necesario que tengas un grado universitario? No sé qué tipo de terapeuta quieres ser, por lo que no puedo responder a eso. ¿Podrías hacerlo sin un grado universitario? Una vez más, depende del tipo de terapeuta que quieras ser.

Creo que el mayor problema es que deseas que lo Divino te envíe una señal, y así ha sido. Lo Divino te dijo: «Has formulado una solicitud», lo que implicó a la ley de la atracción. Lo Divino afirmó: «Aquí tienes tu inspiración: conviértete en terapeuta». Pero en lugar de implicar a la ley de la creación y pasar a la acción, permites que afloren las dudas.

Casi toda la gente hace esto, por lo que debes preguntar: «¿Cuándo fue la última vez que me llegó una idea inspirada, que di las gracias por ella y que me emocioné al respecto, pero luego me disuadí de ella?».

Esta persona está a punto de convencerse para no ser terapeuta. Es de esperar que no haya sido así. Es de esperar que retrocediera y llevara a cabo los ejercicios de limpieza. Pero si tú también estás en ese barco, también querrás retroceder y practicar los ejercicios de limpieza, de modo que seas libre de usar la ley de la creación para implicar a la inspiración que acudió a ti y vivir esta nueva visión.

En el paradigma de la abundancia, cuando te llegue una idea, actuarás con respecto a ella sin dudas, sin preocupaciones, sin reservas. Las dudas no estarán ahí, porque ya no existen en tu interior. El nivel de confianza es tan completo que no queda nada que diga: «Esto no funcionará» o «No, no es para mí». Por lo tanto, lleva a cabo cierto trabajo de limpieza. Luego sigue tu inspiración, emplea la ley de la creación y pasa a la acción.

En realidad no puedo ver cómo he creado toda esta basura en mi vida. La gente hace cosas abominables, y yo estoy atrapado cargando con el muerto. Soy una víctima. ¿Cómo puedo considerarlo de cualquier otra forma?

¿De qué fase del despertar procede esta persona? Lo dice ella misma: de la primera etapa. Se siente como una víctima. Procede de una mentalidad de víctima. Lo sabe y lo reconoce.

La convicción de que eres una víctima procede de un programa que no eres tú. Ésta es una afirmación revolucionaria. Es el tipo de conocimiento que puede situarte en el paradigma de la abundancia en este preciso instante. Esta persona no está hablando como esta persona. Esta persona está transmitiendo un programa o un tipo de virus de la mente que le está afectando.

Permíteme ver si puedo explicarte esto de otra forma. En una ocasión estaba en un programa de radio en el que el doctor Hew Len y yo éramos los invitados. Nos turnábamos para contestar preguntas de la gente que llamaba, que eran bastante directas. Algunas eran sorprendentemente negativas, casi insultantes. Le pedí disculpas al doctor Hew Len y dije: «Lo siento. No sé quiénes son estas personas ni por qué llaman así».

El doctor Hew Len no se inmutó y afirmó: «Joe, no son ellos. Es el programa que tienen en su interior».

Cuando lo oí, pensé: «¡Qué idea más genial!». La gente suele funcionar como una máquina. Hemos sido programados para actuar, pensar y ser de cierta forma. La mayor parte de eso procede de la carencia, la limitación y la escasez. No procede de la abundancia ni del amor. No hemos sido educados de esa forma.

Por lo tanto, cuando esta persona dice las siguientes palabras: «Soy una víctima. ¿Cómo puedo ver las cosas de otra forma?», está transmitiendo el programa que ha adquirido en su vida.

Pero tú, lector, necesitas saber en este mismo momento que probablemente este programa se halle en ti. Puede que no lo estés verbalizando, pero quizás lo hayas pensado en algún momento. Quieres limpiarlo. Yo lo estoy limpiando, porque he formulado esta pregunta, así que también debe estar en mi interior. Recuerda que estamos creando nuestra propia realidad usando las leyes de la creación y de la atracción. ¿Qué hacemos? Lo borramos. *Te quiero; lo siento; por favor, perdóname; gracias.*

Cuando borramos esta pregunta mientras surge en nuestro interior, ayudamos a borrarla del programa de la persona que la ha formulado. Estamos diciéndole a lo Divino: «Lo siento, no sé de dónde ha salido este programa, pero, por favor, perdóname, porque he sido inconsciente y se ha mostrado en mi vida. Procede de algún lugar. ¿Quién lo sabe y a quién le importa? Gracias por eliminarlo. Gracias por limpiarlo. Gracias por sanarlo». Luego dirás: «Te quiero» a lo Divino, fundiéndote en el amor, la compasión, el perdón y la aceptación que hacen que todo vuelva a ser íntegro, que constituyen todo el paradigma de la abundancia. *Te quiero; lo siento; por favor, perdóname; gracias.* Qué maravillosa forma de cerrar estas cuestiones.

• • •

Por último, para ayudarte a llevar a cabo la transformación que he estado describiendo, aquí tenemos cinco formas de pasar al paradigma de la abundancia.

La primera es una pregunta: *¿cómo estás siendo?* No cómo te está yendo, sino cómo estás siendo. ¿Estás sintiendo miedo? ¿Te estás sintiendo empoderado? ¿Te estás sintiendo rendido? ¿Sientes que te estás dejando ir en el ahora? Cuanto más puedas derribar todos los muros del miedo, la carencia y la limitación, más exuberante podrás ser. La abundancia está presente en este momento. Mientras te asientas en este instante, vuélvete muy consciente, muy sensible a tu interior. ¿Cómo estás siendo? ¿Sientes que todo va bien? ¿Sientes que todavía estás preocupado por las cosas?

Sea lo que sea que sientas, estará bien, pero cuanto más puedas desplazarte hacia una sensación de seguridad, protección divina, opulencia y abundancia, más podrás avanzar hacia el paradigma de la abundancia.

Si no te sientes así ahora, si no te sientes exuberante, ¿qué puedes hacer? Puedes fingirlo hasta que lo consigas. Puedes mirar a tu alrededor y empezar a buscar algo por lo que sentirte exuberante y agradecido. Puede que simplemente consista en recordar que en este momento todo va bien y que la abundancia o exuberancia y la gratitud existen. Cuando te fijes en el mundo y consideres que está medio vacío, sabrás de qué paradigma procedes. Si lo ves medio lleno y llenándose, también sabrás de qué paradigma estás viniendo.

Escoge venir de un paradigma que diga: «Todo está bien. Soy exuberante, vivo en la abundancia, y la abundancia es mi derecho de nacimiento y mi derecho en este momento. En este preciso momento, todo es abundancia». Desplázate hacia ese estado de ser en el que vivas el paradigma de la abundancia.

La segunda forma de desplazarte hacia el paradigma de la abundancia consiste en preguntarte: *¿qué estás viendo?* Cuando miras a tu alrededor, ¿qué notas? ¿Ves cosas que hacen que estés preocupado o tengas miedo, o ves cosas que te recuerdan que todo está bien, que hay abundancia, que te están cuidando, que en este momento tienes mucho por lo que estar agradecido y que hay más cosas por llegar, debido a la ley de la atracción y la ley de la creación?

Probablemente habrás visto ese dibujo, que es una ilusión óptica, en el que si te fijas desde una mentalidad, parece una anciana, pero si lo miras desde un punto de vista más o menos distinto, esa misma imagen parece ahora una mujer joven. Así es la vida. Puedes fijarte en ella desde un paradigma de carencia y limitación o desde un paradigma de abundancia. ¿Qué estás viendo?

Modificar tu paradigma es, en realidad, un asunto de un punto de vista relajado. Ese dibujo que es una ilusión óptica es una obra de arte; pero si relajas tu foco, de repente ves el otro dibujo. Ha estado ahí todo el tiempo.

Así es el paradigma de la abundancia. Está aquí. Ha estado aquí todo el tiempo. No lo has visto porque las gafas que llevabas procedían de un sistema de creencias programado sólo para ver escasez. Ahora estás reprogramando tu mente para ver abundancia.

Así pues, ¿qué estás viendo? Si no ves la abundancia en este preciso momento, simplemente finge que sí. Empieza a jugar con las posibilidades. Mira a tu alrededor, a este mundo, y di las siguientes palabras: «¡Esto es sorprendente! ¿Cómo se creó? ¿Cómo se escribió este libro? ¿Cómo acudieron estas ideas a mí?».

Hay verdadera magia y milagros en el mundo, hay verdadera abundancia en el mundo y puedes empezar a verlo cuando decidas hacerlo.

La tercera forma de desplazarse hacia un paradigma de la abundancia consiste en preguntarte: *¿cómo estás actuando?* ¿Estás usando la ley de la reacción a partir del miedo o desde la confianza? Sabes que la ley de la atracción te va a proporcionar más de aquello en lo que te centres. Sabes que la ley de la creación va a darte cosas que hacer. ¿Estás haciendo algo para llevarlas a cabo? ¿Te disuades a ti mismo de ellas? ¿Recibes inspiración pero la sigues con dudas o la sigues con acción?

Puede que también te preguntes si procedes del ego o del Espíritu. ¿Cómo estás actuando en el mundo? La mayoría de la gente procede, por supuesto, del ego. Quiere cosas, exige cosas, tiene miedo de las cosas, culpan a los demás por su vida: todo eso es ego.

Como sabes, hay cuatro etapas del despertar, y la mayoría de la gente está atascada en la primera: el victimismo. Luego tenemos la fase del empoderamiento, pero no nos detenemos ahí. Sigue quedando la etapa en la que te rindes a lo Divino. Sin embargo, en este momento nos estamos centrando en la cuarta etapa: la fase del despertar, en la que vives el paradigma de la abundancia.

¿Cómo llegas hasta ahí? Una forma es mediante tu manera de actuar. En primer lugar, la mayoría de la gente ni siquiera pasa a la acción. Llegado a este punto, ya sabes que la ley de creación dice que debes cocrear todo en tu vida, lo que significa que debes actuar. Sí, algunas cosas aparecerán mágicamente en tu vida, pero la mayoría de las veces se te pedirá, con un codazo procedente de la inspiración, que hagas algo para crear tu realidad.

¿Estás pasando a la acción? Cuando emprendes acciones, ¿procedes del miedo o de la fe? La mayoría de la gente procede del miedo. Teme emprender cualquier acción, o que si la emprende, lo haga con cierto nerviosismo. Y, por supuesto, la ley de la atracción afirma: «Si procedes del nerviosismo, vamos a corresponder a eso y proporcionarte cosas con las que ponerte nervioso». Quieres proceder de la fe. En resumen, quieres venir del Espíritu.

Si ésa no es tu experiencia en este preciso momento, ¿qué haces? Cada vez que tengas un momento en el que decidir algo, respira hondo y pregunta qué haría el ego y qué haría Dios o el Espíritu. Escoge el camino divino. Puede que te sientas un poco nervioso al principio, porque estás saliendo de tu zona de confort, pero eso no significa que no tengas que hacerlo. Simplemente significa que es algo nuevo para ti. A medida que vayas haciendo nuevos movimientos y vayas saliendo de tu zona de confort, te volverás a sentir cómodo.

Así pues, ¿cómo estás actuando? ¿Procedes de la confianza y de la fe? ¿Vienes del Espíritu? Elige al Espíritu.

La cuarta forma de pasar hacia un paradigma de la abundancia consiste en preguntarte *cómo o qué estás pensando*. ¿Tienes más pensamientos de miedo o positivos? ¿Tienes más preocupaciones basadas en el miedo o pensamientos ¿y si...? positivos?

En un mundo ideal en el que vivas el paradigma de la abundancia, ni siquiera tienes pensamientos. Puede que tengas destellos de conciencia que crucen por la pizarra blanca de tu vida, pero no les prestarás atención necesariamente. Has aprendido a ignorar los pensamientos y a proceder de un lugar sin pensamientos ni razonamiento.

Como es obvio, esto no significa desconectar tu mente consciente ni ir trastabillando por la vida. Eres más consciente y estás más atento que nunca. En el paradigma de la abundancia procedes de la conciencia pura. Los pensamientos puede que sigan yendo y viniendo, pero están espaciados. Ni siquiera les prestas atención de manera obligatoria, porque estás viviendo el aliento de Dios a través de ti.

¿Qué ocurre si esto no es lo que sucede en este preciso momento? ¿Cómo gestionas tu pensamiento? Lo primero que hay que hacer es prestar atención. Anota qué tipo de pensamientos estás teniendo. ¿Son pensamientos de miedo o de fe? ¿Son pensamientos negativos que te hacen sentir preocupado por tus próximos pasos y tus siguientes momentos, o se trata de pensamientos positivos que te ayudan a sentirte mejor con respecto a este momento y a lo que está por venir? Tú decides.

No puedes predecir cuál va a ser tu próximo pensamiento, pero cuando aparezca, puedes escoger qué hacer con él. Por tanto, ¿cómo estás pensando? ¿Qué estás pensando? Cuando los pensamientos aparezcan, conviértelos en algo magnifico. Transfórmalos en algo bueno: positiviza esos pensamientos. Mientras hagas esto, sé consciente de que tú no eres tus pensamientos. Tú eres lo que hay detrás de los pensamientos, siendo testigo de ellos. El paradigma de la abundancia existe en esa conciencia de fondo: la pizarra blanca. Cuando se limpia de todo pensamiento, vives a partir de la inspiración, y la ley de la atracción y la ley de la creación son algo natural para ti.

La quinta forma de que procedas de un paradigma de la abundancia consiste en que te hagas una pregunta que ya he formulado de distintas formas a lo largo de este libro: *¿qué hay detrás de tus pensamientos, tus sentimientos, tu cuerpo y tu mente? ¿Qué hay detrás de todo ello?*

Vi una película sobre el papa Juan Pablo II titulada *Karol: Un hombre que se hizo papa*. En ella, está manteniendo una discusión con un ateo ruso, que afirma que Dios no existe y que no hay nada ahí afuera, que todo es simplemente vacío, la nada. El papa la contesta: «Lo que tú llamas nada yo lo llamo todo».

Me encantan esas palabras. «Lo que tú llamas nada yo lo llamo todo»: la pizarra blanca, el testigo, el cero que se encuentra detrás de tus sentimientos, tu cuerpo, tu mente, que está detrás de todo. Ese observador que se encuentra en el centro de tu ser es lo Divino, lo es todo. Está vivo. Está vivo en ti, respirando a través de ti.

Cuanto más puedas avanzar hacia el interior de ese Espíritu, más te convertirás en el paradigma de la abundancia. Ya no necesitarás ejercicios de limpieza. Ya no precisarás herramientas. Ya no serán necesarios consejos ni métodos que te ayuden a permanecer en el camino, porque *tú* eres el camino. Llegado a ese punto, eres uno con el cero. En el cero no hay límites. En ese momento eres uno con la pizarra blanca. No hay nada escrito en la pizarra blanca, y tú puedes tener, hacer o ser lo que sea que puedas imaginar, porque lo que estás imaginando procede de la misma Fuente. En ese momento te encontrarás en una misión de Dios.

¿Qué sucede si ése no es el caso para ti en este preciso momento? ¿Qué pasa si sigues batallando con estas ideas y ni siquiera estás realmente seguro de qué hay detrás de tus pensamientos, sentimientos, cuerpo y mente? Sólo usa esto a modo de ejercicio. Retrocede y lleva a cabo algunos de los ejercicios de limpieza que he proporcionado y empléalos para que te ayuden a regresar al cero. Úsalos para llegar al lugar en el que por fin puedes ser consciente de que detrás de tu vida hay un vacío que lo es realmente todo.

Mientras estás leyendo estas palabras, detente y pregúntate qué está llevando a cabo la lectura. Mientras estás pensando, ¿qué está observando a los pensamientos? Mientras estás sintiendo, ¿qué están percibiendo tus sentimientos? Mientas te encuentras en tu cuerpo, ¿qué está percibiendo tu cuerpo? Mientras estás prestando atención a cualquier cosa en tu experiencia (tu cuerpo, tu mente, tus pensamientos, tus sentimientos, tus emociones), ¿qué es lo que hay en ti que lo está percibiendo todo? ¿Qué es el observador?

Esta pregunta de tipo zen te conducirá a esa conciencia del fondo. Este testigo que se encuentra en el fondo también es el mismo que se halla en mí. Es el mismo que hay en tu vecino, tu colega, tu socio, la gente que hay en la calle. No lo saben, porque no han tenido ni una pista de que a gran profundidad en ellos se encuentra el paradigma de la abundancia, y tú llegas siendo consciente de la Fuente de todo ello, y esa Fuente es Dios.

Quiero darte las gracias por leer este libro. Te animo a que vuelvas a leer tus partes favoritas y que repitas los ejercicios de limpieza y purificación. Cuantos más hagas, mejor te sentirás y más capaz serás de experimentar la realidad del paradigma de la abundancia. Mientras tanto, te insto a que persigas tus sueños, a que sigas tu inspiración y a que uses la ley de la atracción y la ley de la creación para que te ayuden con todo lo que deseas en tu vida. Buena suerte. Te quiero.

Acerca del autor

El doctor Joe Vitale es un autor de fama mundial; gurú del marketing; celebridad del cine, la televisión y la radio; músico y uno de los cincuenta principales oradores motivacionales del mundo.

Entre sus numerosos libros superventas se incluyen *El poder de la atracción: 5 pasos sencillos para crear riqueza (o cualquier cosa) del interior al exterior de uno mismo*; *Attract Money now*; *Cero límites: las enseñanzas del antiguo método hawaiano del ho'oponopono*; *El milagro: los seis pasos hacia la iluminación* y *Anything is possible*.

También ha grabado numerosos programas de audio superventas, desde *El secreto faltante* y *The zero point* hasta *El poder de la mercadotecnia audaz* y *The awakening course*.

El doctor Vitale, que es un destacado experto popular sobre la ley de la atracción que ha aparecido en muchas películas y documentales de éxito, entre los que se incluyen *El secreto*, descubrió el «secreto faltante» no revelado en la película. Ha aparecido en los programas y cadenas de televisión Larry King Live, Donny Deutsch's «The Big Idea», CNN, CNBC, CBS, ABC, Fox News: Fox & Friends y

Extra TV. También ha aparecido en el periódico *The New York Times* y en la revista *Newsweek*.

Uno de sus logros más recientes incluye ser el primer cantautor de autoayuda, como se vio en la revista *Rolling Stone Magazine* en 2012. Hasta la fecha ha editado diecisiete álbumes. Varias de sus canciones recibieron reconocimiento y fueron nominadas al galardón Posi, que se considera como «los Grammy de la música positiva».

Conocido no sólo como pensador, sino también como sanador, limpiando la mente subconsciente de la gente de creencias limitantes, el doctor Joe Vitale es también un auténtico practicante del *ho'oponopono* moderno, sanador *reiki* certificado, practicante de *Chi Kung* titulado, hipnoterapeuta clínico diplomado, practicante de PNL habilitado, ministro ordenado y doctor en ciencia metafísica.

Es un buscador y aprendiz que hace años fue un sintecho, ha pasado las últimas cuatro décadas aprendiendo cómo dominar los poderes que canalizan la energía creativa pura de la vida sin resistencia y ha creado los programas Miracles Coaching® y Zero Limits Mastery® para ayudar a la gente a alcanzar su objetivo en la vida. Reside en la comarca de Austin (Texas).

Su principal página web es www.MrFire.com

Índice